Sven Görtz

Liebe

… ist eine besondere Form von Geisteskrankheit

Sven Görtz

Liebe

… ist eine besondere Form von Geisteskrankheit

Langen*Müller*

Sven Görtz live – ein kabarettistische Autorenlesung.
Mehr unter www.svengoertz.de und
www.langen-mueller-verlag.de

Schutzumschlag: Wolfgang Heinzel
Fotocomposing: www.atelier-sanna.com, München
Satz: Ina Hesse
Gesetzt aus: 10,7/13,5 pt. Garamond BQ
Druck und Binden: GGP Media GmbH, Pößneck
Printed in Germany
ISBN 978-3-7844-3210-6

Inhalt

Prolog

Liebe Freundin, lieber Freund der Literatur,
Sie stehen kurz davor, ein Buch mit dem Titel *Liebe ... ist eine besondere Form von Geisteskrankheit* zu erwerben. Oder: Sie haben das Buch bereits erworben, weil Sie das Thema auf besondere Weise angesprochen hat, aus gegebenem Anlass oder überhaupt. Oder noch anders: Sie haben das Buch als Geschenk erhalten und räkeln sich nun auf dem Sofa und wollen nachprüfen, ob der Schenker es wirklich gut mit Ihnen meint.

In jedem Fall fragen Sie sich: Wozu das Ganze? Gibt es nicht schon genügend Bücher über die Liebe?

Die Antwort auf diese Frage kann nur lauten: Ja, es existiert eine Vielzahl von Büchern zu diesem Thema. Und diese Tatsache könnte den Schluss nahe legen, dass ausreichend Material und Informationen vorhanden sein müssten, um zu begreifen, was dieses Gefühl der Gefühle für uns bedeutet.

Und nun frage ich Sie, Hand aufs Herz: Haben Sie

es begriffen? Genau – auch ich bin mir da nie ganz sicher.

Andere hingegen scheinen es durchaus zu sein. Ist Ihnen schon einmal aufgefallen, dass das meiste, was über die Liebe geschrieben wird, fast ausschließlich unter wissenschaftlichen Gesichtspunkten erscheint? Täglich lesen oder hören wir von den neusten Entdeckungen der Forscher. Und die haben meist eine klare Tendenz: Aus Sicht der Hirnforschung zum Beispiel ist Liebe nichts anderes als ein neurologisches Phänomen, ausgelöst durch gewisse Hirnlappenfunktionen. Für die Vertreter der Evolutionsbiologie ist Liebe lediglich ein Hirngespinst, erfunden, um die wahren Beweggründe unseres Sexualverhaltens zu kaschieren: die Weitergabe des besten Erbgutes im Kampf ums Überleben. Längst haben, so scheint es, die Wissenschaften die Erklärungshoheit über die Liebe errungen.

Und dann kommen – meist auf der Basis eben solcher wissenschaftlicher Forschungen – die Ratgeber hinzu: bunte Lebenshilfen mit Glücksgarantien, die keine Regenbogenillustrierte bündiger formulieren könnte:

Finden Sie den Partner fürs Leben! – Retten Sie Ihre Ehe! – Werden Sie der perfekte Liebhaber!

Indes ist es mit Ratgebern immer so eine Sache. In der Liebe wie überhaupt. Wenn der Finanzexperte Ihrer Bank wirklich weiß, wie man mit einem Minimum an Einsatz ein Maximum an Renditen erwirtschaften kann, warum arbeitet er dann noch immer in Ihrer Bank und tummelt sich nicht schon längst unter den Reichen und Schönen in London und Cannes?

Nun, mein Buch ist kein solcher Ratgeber. Schon aus einem einfachen Grund: Ich wüsste nicht, zu was ich Ihnen raten sollte. Mehr Liebe? Weniger? Ich weiß es nicht. Im Zweifelsfall wohl mehr.

Und jetzt denken Sie, wenn das Buch kein Ratgeber ist, keine wissenschaftliche Abhandlung, was ist es denn?

In der Tat habe ich mir die Frage nach dem Genre nie gestellt. Sagen wir es so: Ich erzähle, was ich beobachte. Das ist im Grunde schon alles. Ich notiere, was mir auffällt, und stelle Verknüpfungen her. Was so entsteht, ist ein Mosaik aus Einzelteilen, dem kein allgemeines Erklärungsmuster, keine Theorie zugrunde liegt. Wie könnte ich auch bei einem so flatterhaften Gefühl wie der Liebe den Versuch unternehmen, die Vielfalt der Erscheinungen unter das Joch von ein oder zwei sinnfälligen Erklärungen zu drücken?

Überdies hege ich ein prinzipielles Misstrauen gegenüber der Allgültigkeit von Theorien. Es geht mir mit ihnen ähnlich wie Oscar Wilde mit Wundern. Er sagte: »Ich glaube längst nicht mehr an Wunder. Ich habe ihrer zu viele gesehen.«

Was ich also unternehme, folgt keiner Hypothese: Ich folge den Spuren der Liebe, ihren Fußabdrücken im Sand der Welt. Und ich horche auf die Geschichten der Liebe, die so mannigfaltig und staunenswert sind wie die Menschen selbst; so unterschiedlich wie ihre Temperamente, so leidenschaftlich oder freudlos, so heiter oder verrückt.

Der amerikanische Autor Ambrose Bierce tendierte übrigens eindeutig zu letztgenannter Eigenschaft. Er notierte: »Liebe ist eine besondere Form von Geisteskrankheit ...« Eine deutliche Aussage. Doch keine Bange: Er liefert in einem Zusatz eine zumindest aus medizinischer Sicht hoffnungsvolle Schlussdiagnose: » ... die jedoch durch Heirat vollkommen geheilt werden kann.« Es bleibt jedem selbst überlassen, ob er das tröstlich finden will oder nicht.

Auf jeden Fall hat mir das Zitat von Ambrose Bierce so gut gefallen, dass ich mir den ersten Teil als Titel geborgt habe.

Die Aussage stellt so etwas wie den Tenor des Buches dar. Oder besser: den roten Faden, der in Färbungen von Zartrosa bis Purpur durch das Papier der Seiten schimmert und sich in dem Glauben ausdrückt, dass es mit der Liebe immer etwas Verrücktes auf sich hat. Und mehr noch: dass die Liebe vielleicht genau die Art von Wahnsinn ist, den unsere Welt dringend nötig hat, weil das vermeintlich Normale, das allenthalben als erstrebenswert verkauft wird, uns letztlich um die besten Momente unseres Lebens betrügt. Und das kann doch niemand ernsthaft wollen, oder?

Viel Vergnügen wünscht
Ihr Sven Görtz

Was ist das, die Liebe?

1
Ein Junge trifft ein Mädchen

Immer wieder, seit Tausenden von Jahren, ist es dieselbe Geschichte. Nur die Namen wechseln, das Alter, die Konfektionsgrößen; ansonsten bleibt alles, wie es war. Wie diese alte Geschichte heißt? Sie trägt einen einfachen Titel: Ein Junge trifft ein Mädchen. Oder wenn man lieber will: Ein Mädchen trifft einen Jungen.

Doch ist sie nicht zugleich die verrückteste aller Geschichten? Ein Fremder trifft eine Fremde, die er nie zuvor gesehen hat, und von einem Augenblick auf den anderen überfällt ihn der Wahn, dass er ohne diesen fremden Menschen nicht mehr leben kann. Jahre seines Lebens ist er prächtig ohne sie ausgekommen, doch die Glorie des Augenblicks, in dem die Liebe entfesselt wird, ändert alles: Plötzlich wird jede Sekunde der Trennung von dem geliebten anderen zum bittersten Exil.

Es gibt nichts Vergleichbares in unserem Leben. Die erste Begegnung, der erste Blick; ein Moment von der Dauer eines Jahrhunderts; ein Blitzschlag erfüllt von Zauberkraft und Ungeschicklichkeit. Jeden von uns kann und wird dieser Schlag treffen; keiner kommt davon.

Zumeist erkennt man die Menschen, denen solches widerfährt, mit Leichtigkeit. Sie pflegen sich mehr als seltsam zu verhalten, tun Dinge, die ihnen zuvor niemand zugetraut hätte. Der Abteilungsleiter, allen bislang als ein Mann mit ökonomisch organisiertem Sprachgebrauch bekannt, erscheint eines Morgens pfeifend im Büro und wünscht jedem Mitarbeiter per Handschlag einen schönen Tag. Die dauerschlechtgelaunte Kassiererin im Supermarkt erkundigt sich mit vergnügter Miene, ob Sie auch alles gefunden haben, was Sie suchten.

Und überhaupt: Wenn urplötzlich Männer freiwillig Hemden und Unterwäsche einkaufen, wenn Frauen sich für die Fußball-Champions League zu interessieren beginnen, dann besteht Grund zu der Annahme, dass Amors Pfeile ihre Ziele nicht verfehlt haben.

Ja, Verliebte tun mit Begeisterung Dinge, die als unsinnig, leichtsinnig oder schwachsinnig in den Augen derjenigen erscheinen, die nicht oder nicht im selben Maße wie sie vom Löffel der Liebe umgerührt worden sind.

Verliebte pinseln die Namen ihrer Liebsten in riesigen Lettern auf den Beton von Autobahnbrücken oder schnitzen sie zierlich in Parkbänke oder Baumrinden. Oder lassen sie sich bunt verziert auf Oberarm, Schulter oder Gesäß tätowieren (wo sie unter

Umständen später mit rätselhaften chinesischen Zeichen übermalt werden müssen).

Verliebte sind geistesabwesend und zerstreut; als Anlageberater taugen sie in diesem Zustand nur noch bedingt, als Feinmechaniker überhaupt nicht mehr. Wer mit Verliebten gemeinsam einen Mannschaftssport betreibt, sollte den Betreffenden lieber gleich auf die Ersatzbank setzen; überdies sollte man sie auch nicht mit der Zubereitung von Speisen für die nächste Party betrauen, es sei denn, man ist ein Freund von versalzenem Nudelsalat.

Verliebte reden mehr als Nicht-Verliebte. Kein Wunder, denn alles ist ihnen Anlass zur Schwärmerei: die ersten warmen Sonnenstrahlen im Frühling, die letzten im Herbst; das Kinoprogramm, der Theaterspielplan, die neue Speisekarte des Italieners. Auch die Bilderausstellung im örtlichen Kunstmuseum, die zwar schon seit Jahren dieselbe ist, wird plötzlich zu einer aufregenden Sensation. Liebende sind neugierig, was die Welt ihnen zu bieten hat. Alles und jedes wird unter ihrem zarten Blick zur Einladung, um gemeinsam erforscht, erkundet und genossen zu werden. So wird die Liebe den Liebenden zu einem Abenteuer des Herzens, gewaltig und erregend wie eine Expedition in fremde Länder.

Allerdings rufen Liebende auch Neider auf den Plan. Wie unerhört: Die Turteltauben halten spielerisch ihr Gewicht, obwohl sie dauernd essen gehen! Sie sind kaum noch erreichbar und haben keine Zeit mehr für die Dinge, die ihnen kurz zuvor noch sehr am Herzen gelegen haben: die Pokerabende, die Tupperpartys!

Ich erinnere mich an einen Freund meines Großvaters, der von allen »De darre Hucho« genannt wurde, was auf Hochdeutsch »der dünne Hugo« heißt: ein liebenswerter, geselliger Witwer, der oft zu uns nach Hause kam und mit dem ich als Kind gerne durch die Wälder spazieren ging. Eines Tages macht »De darre Hucho« eine Bekanntschaft mit einer Frau in seinem Alter, die erst vor kurzem zugezogen war. Von einem Tag auf den anderen wird er zum Dorfgespräch; ja, mehr noch: Er, der ehemals von allen geachtete Endsechziger wird zum Gespött, weil er plötzlich Dinge tut, die in den Augen seiner Altersgenossen einfach unmöglich sind: Er geht mit seiner Verehrten ohne Schirm im Regen spazieren. Er verschläft den Frühgottesdienst und vergisst die Straße zu kehren. Und anstatt den Sitzungen des Gesangsvereins beizuwohnen, fährt er lieber mit seiner Liebsten nach Frankfurt in die Oper! Nach Frankfurt! In die Oper! Das hat es ja noch nie gegeben!

Nun, man kann es drehen und wenden, wie man will: Die Liebe, im Guten wie im Schlechten, lässt niemanden kalt; und wenn sie uns mit ihren Blitzen und Donnern überfällt, bleibt nichts so, wie es war. Die Liebe verändert uns. Wir können es alle Tage erleben: Der Schweigsame wird plötzlich beredt, der Geizige freigebig, der Schüchterne gesellig. Die Geschichten der Liebe sind im Kern Verwandlungsgeschichten.

Mir kommt in diesem Zusammenhang *Romeo und Julia* von William Shakespeare in den Sinn, eine Liebe, die unter keinem guten Stern steht, weil die Familien der beiden tödlich verfeindet sind.

Doch die misslichen Umstände verlieren von einem Moment zum anderen an Bedeutung, verschwinden wie Nebelschwaden im Sonnenlicht, während der erste Blick der Liebenden alles verändert. Von der Macht ihrer gegenseitigen Anziehung erfüllt, beginnen Romeo und Julia augenblicklich miteinander in Versen zu sprechen. Die Kraft ihrer Empfindungen vollbringt eine Metamorphose. Sie verwandelt die Prosa ihres Lebens in die Poesie eines Sonettes, das sie nur gemeinsam erdichten können. Vers auf Vers, Reim auf Reim ergänzen sie einander zu einem lyrischen Gebilde. Und am Ende, als nur noch das obligatorische letzte Reimpaar zu dichten ist, ersetzen sie die Worte mit Küssen.

Nun, Sie mögen jetzt einwenden: »Schön und gut, aber …« Und ich kann mir ausmalen, wie die weichen Linien eines Schmunzelns Ihre Mundwinkel umspielen. Sie sagen:

»Mag sein, dass die Liebe von Romeo und Julia groß und außergewöhnlich ist. Aber ist sie nicht letztlich doch nur eine Bühnenliebe, die mit dem wirklichen Leben nichts zu tun hat?«

Der Einwand mag zutreffen, und vielleicht herrschen tatsächlich in der wirklichen Welt andere Gesetze als im Theater Shakespeares. Doch wie sieht es stattdessen aus, im wirklichen Leben, wenn ein

Mädchen einen Jungen trifft? Ist der erste Moment der Begegnung wirklich so grundverschieden von dem ersten Moment zwischen Romeo und Julia?

Versuchen wir ein Beispiel einer möglichen Begegnung: Sagen wir, sie findet an einem regnerischen Tag statt, zur Nachmittagszeit, irgendwo zwischen Flensburg und Oberstdorf. Ein Mädchen erblickt einen Jungen auf einer Straße, an einer Busstation, wo beide zum Warten gezwungen sind. Gut möglich, dass sich zuvor das eine oder andere Mal ihre Wege gekreuzt haben, doch nie haben sie voneinander Notiz genommen oder gar ein Wort miteinander gewechselt; sie kennen auch nicht ihre Namen. Sie sind sich fremd, wie Menschen einander nur fremd sein können.

Und nun wechseln sie Blicke. Der Junge tut zuerst so, als habe er sie gar nicht gesehen, weil er – cooler Typ, der er ist – anderes und weit Bedeutenderes zu tun hat, als jedem x-beliebigen Mädchen ein Lächeln zu schenken. Doch im Bruchteil einer Sekunde schmilzt sein Panzer. Er blickt zurück. Er wagt ein Lächeln; zuerst, als sie nicht hinsieht, zum Üben sozusagen, dann, als sie hinsieht und ihre Blicke sich treffen.

Und sein Lächeln zeigt Wirkung. Das Mädchen hatte langsam und beinahe genießerisch den Kopf zur Seite gewendet, in seine Richtung, und nun geht in ihrem Gesicht die Sonne auf, begleitet von einem augenblicklichen Erröten, das sie beschämt, während genau das den Jungen entzückt, ihn beflügelt und erleichtert: Er denkt bei sich: »Ich bin nicht allein mit meiner Unsicherheit, sie ist ja noch viel schüchterner als ich.«

Kurz darauf fährt der Bus ein, der das Mädchen nach Hause bringen soll. Sie wendet sich um, ein letzter Augenaufschlag, hinter ihr schließt sich die Tür. Der Junge sieht ihr nach und denkt: »Dieser verfluchte Bus kommt immer zu spät, nur dann nicht, wenn er soll.«

Die gesamte Szene hat nicht lange gedauert. Eine Taube ist von einem Dach zum nächsten geflogen. Häufig nennt der Volksmund das, was hier vor sich geht: »Liebe auf den ersten Blick«. Ob es allerdings wirklich Liebe ist, vermag niemand mit Bestimmtheit zu sagen. Es kann ebenso gut nur eine unbedeutende Schwärmerei sein oder ein plötzlicher Hormonschub. Das Ganze kann bald schon wieder vorüber sein, in wenigen Minuten, in ein paar Stunden, Tagen, Wochen vielleicht, ganz gleich.

Klar ist nur so viel: Hier ist etwas geschehen! Plötzlich tickt die Uhr der Welt in einem anderen Zeitmaß. Der österreichische Autor Alfred Polgar beschrieb es einmal so: »Die Liebe ist ein persönliches Weltereignis.«

Ja, so kann man sagen und mehr noch: Die beiden sind nicht mehr dieselben Menschen wie zuvor. Wie bei Romeo und Julia hat der Zufall des Augenblicks eine Verwandlung bewirkt, hat Hochgefühl und Erregung erweckt, Verwirrung und Schwindel.

Und das alles, während in der äußeren Welt sich

nichts, aber auch rein gar nichts verändert hat. Das Wetter ist noch immer dasselbe wie zuvor; es ist noch immer Donnerstag oder Freitag, je nachdem; und die Vorsitzenden aller im Parlament vertretenen Parteien geben noch immer dieselben Versprechen ab und geloben Worttreue.

Trotzdem ist da etwas; es ist einfach so ins Leben hineingerutscht und hinterlässt Magengrummeln, macht Herzrasen und Unruhe.

Das Mädchen ist hingerissen. Sie verbringt die Heimfahrt im Bus in einem Dauerhochgefühl. Für eine Weile kann sie nichts aus ihrem Himmel vertreiben. Gefühle von Abenteuer steigen in ihrem Herzen auf, in deren Glanz sie zu der Hauptdarstellerin ihres eigenen Lebens wird, geadelt durch den Ritterschlag eines fremden Blickes.

Einstweilen steht der Junge noch immer an der Haltestelle. Sein Bus hat Verspätung. Durchdrungen von einem fremden und doch nicht gänzlich unbekannten Gefühl, tritt er von einem Fuß auf den anderen.

In diesen vagen, zerbrechlichen Momenten öffnen sich den beiden, wie von unsichtbarer Hand entriegelt, die Tore der Zukunft, und das Reich der Möglichkeiten liegt strahlend wie ein Sommermorgen in greifbarer Nähe.

Doch nicht alles ist prächtig kunterbunt. Das zeigt sich in den nächsten Stunden, den nächsten Tagen, da sie beginnen eine quälende Sehnsucht nach dem unbekannten anderen zu empfinden.

Ja, ein rätselhaftes Spiel ist hier im Gange, in dessen Verlauf die beiden eine der wahrscheinlich ältesten Fragen der Menschheit stellen: Ist das, weswegen ich den anderen suche, die Liebe? Und wenn es so ist: Was ist das, die Liebe?

Es ist hier wie überall: Auf die einfachste Frage gibt es keine einfachen Antworten. Und überdies fallen die Antworten immer anders aus, je nachdem, wem man die Frage stellt.

Die Liebe ist eine Himmelsmacht, heißt es. Oder eine Hormonexplosion. Sie ist vielleicht »die einzige Sklaverei, die als Vergnügen empfunden wird«, wie George Bernhard Shaw mutmaßte. Oder das wunderbarste Unglück, das uns zustoßen kann.

Es gibt so viele Ansichten, wie es Menschen gibt. Heinrich Heine brachte das Definitionschaos bündig auf den Punkt. Er schrieb: »Was Prügel sind, weiß jeder; was Liebe ist, hat noch niemand herausgefunden.«

Etwas genauer äußerte sich Johann Wolfgang von Goethe. Er charakterisierte das Gefühlsdilemma der Liebe in folgender berühmter Formulierung:

»Freudvoll
Und leidvoll,
Gedankenvoll sein,
Hangen
Und bangen
In schwebender Pein,
Himmelhoch jauchzend

Zum Tode betrübt,
Glücklich allein
Ist die Seele, die liebt.«

Für Goethe ist die Liebe ein Zustand von ewiger Hin- und Hergerissenheit und ganz offensichtlich ein begrüßenswerter Zustand des Glücks. Er wusste, wovon er sprach. Während seines langen Lebens hat der Weimarer Klassiker häufig und heftig sein Herz verschenkt; an gebildete Damen der Gesellschaft ebenso wie an natürliche Frauen aus dem Volk. Doch trotz seiner nicht gerade wenigen Amouren und gelegentlichen Verlöbnisse war er nur ein einziges Mal verheiratet: mit Christiane Vulpius, einer Frau ohne Bildung, die jedoch über einen messerscharfen Verstand verfügte, lebensfroh und üppig von Statur, zupackend im Wesen und mit kohleschwarzen Augen. Goethe lebte lange Zeit in wilder Ehe mit ihr; ein Skandal in der damaligen Zeit; zumal in einem Kaff wie Weimar, wo jeder jeden kennt, einem Dorf mit gerade einmal 3000 Einwohnern.

Goethe hat die sinnliche Beziehung zu Christiane, die nie ohne Kümmernisse und heftige Anfälle von Eifersucht und Zweifel war, genossen wie einen guten Wein (von dem er bekanntlich auch reichlich genossen hat). Stolz präsentierte Goethe die Rechnungen seines Schreiners, der regelmäßig die mit dem – wie Goethe sich ausdrückt– »Bettschatz« in leidenschaftlichen Liebesnächten ramponierten Bettlatten und Sprungfedern zu reparieren hatte.

Zweifelsohne: Goethe war glücklich in seiner rastlosen Liebe zu Christiane, denn er kannte das Wesen seines Herzens: »Himmelhoch jauchzend, zum Tode betrübt!« Er war einverstanden mit dieser Art von schwankendem Glück, das stets am Rande der Raserei angesiedelt ist, das keineswegs, wie heutzutage von Glücksberatern vielfach in Aussicht gestellt, wellnessgerecht zu Entspannung und zu innerer Ausgeglichenheit führt. Das Liebesglück ist für Goethe ein erregendes, ein gefährliches Glück, das mehr einem Wahnzustand gleicht als einem Zustand harmonischer Zufriedenheit.

Nun, Goethes Ansicht traf bei seinen Zeitgenossen nicht auf ungeteilte Zustimmung. Für viele war seine Darstellung zu wild, zu lebhaft, zu chaotisch. Und auch heute noch sehen viele die Erregungen des Herzens nicht ganz so dramatisch wie Goethe. Aber wie, wenn nicht spannungsvoll und flatterhaft, ist sie denn, die Liebe? Kehren wir mit dieser Frage zu unserem Mädchen und unserem Jungen zurück.

An einem der folgenden Tage nimmt das Mädchen einen routinemäßigen Arzttermin wahr. Sie muss im Wartezimmer Platz nehmen. Um sich die Zeit zu vertreiben, nimmt sie eine Illustrierte zur Hand.

2
Boulevard der Liebe

Die Titelseite zeigt Schlagzeilen in grellen Lettern und gleich neben raffinierten Fischrezepten mehrere Fotos von lächelnden Menschen. Eine Frau presst glückselig ihre Wange an die Wange eines Mannes, wie die Überschrift mitteilt, eine Fernsehschauspielerin mit ihrer neuen Liebe. Ein Paar in gedeckten Hellblautönen vor Strandkulisse blickt sich tief in die Augen – ein Fürst von Sowieso mit einer Fürstin von Sowieso.

Das Mädchen blättert die Zeitschrift rasch bis zum Ende durch. Am Ende kommen die Galabilder, Posen des Behagens im Blitzlichtgewitter, eingefangen während einer Benefizveranstaltung für geladene Gäste.

Das Mädchen fragt sich, was diese Bilder ihr sagen wollen. Und während es noch einmal, diesmal von hinten nach vorne, die Illustrierte durchblättert, kommt ihr eine weitere Frage in den Sinn. Sie möchte wissen, ob die strahlenden Menschen auf den Bildern dasselbe empfinden wie sie. Spüren die Gräfin von Sowieso und die Stars einer Telenovela dasselbe wie sie? Kann es sein, dass sie im Besitz eines geheimen Wissens über die Liebe sind, von dem sie keine Vorstellung hat?

Diese Fragen unseres Mädchens sind Zeichen ihrer Unsicherheit, und doch sind sie klar und deutlich gestellt. Ich glaube, viele Menschen haben dieselben oder ähnliche Fragen, die sich auch allgemeiner formulieren lassen: Was erzählen uns die Boulevardblätter von der Liebe?

Zuallererst wohl dies: Die Liebe ist schön wie ein Traum! Sie spendet ewiges Glück und verschafft ein strahlendes gesundheitsspendendes Lächeln. Ihr Höhepunkt ist die Hochzeit mit siebengängigem Menü und einer Schar von Brautjungfern in weißen Tüllkleidern. So jedenfalls geht jede Geschichte des Boulevards: Hin und wieder werden Namen und Orte ausgetauscht, doch die Dramaturgie ihrer Erzählungen bleibt dieselbe.

Und der Logik dieses Strickmusters folgend ergibt sich auch ein klares Bild von Gut und Böse: Gut ist, wer den ordentlichen Weg der Liebe geht, böse, wer ihn durchkreuzt: die Legion der Seitenspríngler, der Gigolos und Boxenluder, die nach nichts anderem trachten, als das Liebesglück der Rechtschaffenden zu vereiteln.

In Schlagzeilen ausgedrückt klingt das so:

»Endlich wieder glücklich: Der Neue an ihrer Seite zaubert ein Lächeln auf ihr Gesicht«

»Gemein: Die grausame Rache des Exgeliebten«

»Nach der Traumhochzeit: Familienzuwachs zu Weihnachten?«

Es ist allzu offensichtlich: Die Liebesbotschaft des Boulevards folgt einem klaren Prinzip, das zugleich den Erfolg der zahlreichen Gazetten verbürgt. Ich muss dabei immer an einen Spruch denken, den wir als Kinder benutzten, wenn zwei Klassenmitglieder sich offensichtlich ineinander verknallt hatten. Wir – das heißt die Schüler einer Grundschule im Westerwald Mitte der Siebzigerjahre – pflegten in solchen Fällen zu deklamieren:

»Verliebt, verlobt, verheiratet!«

Den ganzen Tag beim Anblick der Jungverliebten kam uns dieser Spruch über die Lippen, der weder besonders originell noch lustig war. Aber irgendjemand hatte ihn in die Welt gesetzt, und alle wiederholten die Worte. Ich glaube, dieser Satz ist identisch mit der Botschaft des Boulevards: Liebe ist, wenn am Ende die Hochzeitsglocken klingen!

Und es funktioniert ja ganz hervorragend. Mit dem Thema Heirat und seinem Gegenstück, der Scheidung, lässt sich hervorragend für Publicity und Kasse sorgen. Ganz gleich, ob ein ehemaliger Sportstar in einer Samstagabendshow vor einem Millionenpublikum seiner Freundin einen Heiratsantrag macht (und wir Auserwählten dürfen mit dabei sein) oder ob nach der Trennung eines Schauspielerehepaars deren dreckige Wäsche öffentlich gewaschen und gewalkt wird.

Indessen muss ich bekennen: Von Zeit zu Zeit werfe ich gerne einen Blick in die Welt des Boulevards. Mich amüsieren die Geschichten und die bunten Bilder; und auch die Glaskugelwahrheiten der Horoskopspalten besitzen für mich einen einzigartigen Unterhaltungswert. Es gibt viel zu lachen bei Liebesprognosen wie diesen: »In der nächsten Woche wird Venus eine besondere Überraschung für Sie bereithalten.« Ach, sieh mal einer an!

Was mich beim Lesen der Regenbogenpresse immer wieder erstaunt und in gewisser Hinsicht auch beruhigt, ist die Tatsache, dass die Illustrierten im Grunde nichts anderes tun als die meisten von uns auch: Sie erzählen, was gerade los ist. Zugegeben, die Redakteure und Society-Experten haben bisweilen recht seltsame Ansichten davon, was uns interessieren könnte (Interessiert Sie die Farbe der Unterwäsche einer steinreichen Hotelerbin während ihrer nächtlichen Sauftouren?). Doch ändert das nichts an der Natur der Sache, der Machart der Gazetten, die auf ihre Weise fortsetzen, was Menschen seit Tausenden von Jahren tun. Sie, ich und alle anderen; und auch was Tante Lisbeth regelmäßig jeden Morgen am Lattenzaun mit der Nachbarin im Ton entrüsteter Erregung zu veranstalten weiß:

»Hast du schon das Neuste gehört?«

»Nein, was denn?«

»Also, ich kann dir sagen …«

Und wie sollte es auch anders sein? Klatsch- und Tratschgeschichten haben schon immer die Gemüter der Menschen erregt, denn sie sind – als Dorf- oder

Stadtgespräch – die unmittelbarsten Geschichten, die sich erzählen lassen: nah am Leben und nah an den Menschen. Zumeist einfach in der Form und bisweilen auch im Gehalt, bergen sie dennoch einen Wahrheitskern. Man muss nur genau hinhören. Und für diejenigen, die gewillt sind, mit gespitzten Ohren die Klatschgeschichten zu verfolgen, stellen sie eine einmalige Fundgrube menschlicher Verhaltensweisen dar, ein Spiegel des menschlichen Herzens. Und tatsächlich basiert eine Vielzahl von Werken der Literatur ursprünglich auf dem Tratsch der Zeit, der immer auch zugleich der Tratsch aller Zeiten ist. Der Amerikaner Truman Capote, Autor des berühmten *Frühstück bei Tiffany*, formulierte es unmissverständlich: »Alle Literatur ist Klatsch!«

Nun ja, nicht ganz und gar vielleicht. Es braucht schon noch die wirkende Hand, die den Klatsch in Kunst, die Schmonzetten in bewegende Liebesgeschichten verwandelt. Hierzu gibt es wunderbare Beispiele:

Theodor Fontane verfolgte gerne und mit großer Aufmerksamkeit den Klatsch der Berliner Gesellschaft. Eine Zeit lang machte folgende Geschichte die Runde und sorgte allenthalben für empörte Aufmerksamkeit: Elisabeth von Ardenne, eine junge, lebenslustige und intelligente Frau, ist in ihrer Ehe mit dem Offizier Armand nicht glücklich. Als auch die Geburt von zwei Kindern und das damit verbundene vermeintliche Mutterglück an Elisabeths Zustand nichts zu ändern vermag, akzeptiert sie schließlich ihren Zustand und leidet für die nächsten Jahre in der damals allgemein gebilligten Weise, nämlich – leise vor sich hin.

Dann, eines Tages, lernt das Ehepaar Ardenne den Amtsrichter Emil Hartwich kennen. Sie schließen rasch Freundschaft mit ihm. Doch zwischen Elisabeth und Emil erwächst schon bald mehr als reine Sympathie. Sie verlieben sich und verbringen, während der Ehemann staatstreu beim Manöver weilt, um für den Ernstfall zu proben, jede freie Minute miteinander. Wenn ein Treffen unmöglich ist, schreiben sie glühende Liebesbriefe.

Es dauert allerdings nicht lange und die Korrespondenz fällt dem Ehemann durch Zufall in die Finger. Er stellt seine Frau zur Rede; sie leugnet nicht, ja, sie bereut noch nicht einmal. Auch der Liebhaber leugnet und bereut nichts. Der gehörnte Ehemann sieht nur einen Ausweg, seine Ehre wiederherzustellen: Satisfaktion! Er will ein Duell! Auf Leben und Tod!

Dieses findet an einem nebelverhangenen Spätoktobermorgen statt. Der Amtsrichter ist gegen den geübten Militär ohne Chance. Er wird schwer verwundet und stirbt wenige Tage später. Elisabeth ist am Ende, die Liebe ihres Lebens ist tot, erschossen vom Vater ihrer Kinder!

Das alles bietet reichlich Stoff für die Klatschspalten. Die Sympathien der Berliner liegen indessen eindeutig auf Seiten des betrogenen Ehemannes, der in ihren Augen nichts anderes tat, als sein angestammtes Recht in Anspruch zu nehmen. Wohingegen die

Frau die Strafe bekommen hat, die sie verdiente: Liebhaber tot, anschließend Scheidung und das Sorgerecht für die Kinder entzogen. So ist das nun mal: Sie hat den ordentlichen Pfad der Liebe verlassen; dafür muss die Ehebrecherin büßen.

Doch Fontane ist mit dieser Sicht der Dinge nicht einverstanden. Ihn hat die Geschichte sehr berührt, jedoch weniger die Ehrverletzung des schießwütigen Ehegatten. Der Romancier sammelt alle Details des Falls, derer er habhaft werden kann, und begibt sich an eine Revisionsarbeit. Er lässt sein Herz sprechen und die Feder wandern, ändert Namen und Orte. Nach gut einem Jahr ist sein Roman fertig. Er nennt ihn: *Effi Briest.*

Wir können für ein weiteres prominentes Beispiel, wie aus Klatsch Literatur werden kann, sogar noch tiefer in die Vergangenheit reisen. Ich denke an das *Decamerone* von Giovanni Boccaccio aus der Zeit der Renaissance. Das Buch ist eine höchst vergnügliche Sammlung von 100 Geschichten, die von zehn Personen an zehn Tagen erzählt werden. Man sieht: Damals hatte man noch Zeit!

Boccaccio siedelt die Handlung in Florenz an; und zwar im Jahre 1348, als die große Pest in kürzester Zeit die wohlhabende Metropole in eine gigantische Gruft verwandelt. Um der Ansteckung zu entgehen, verbergen sich sieben junge Damen und drei junge Herren auf einem Gut in den toskanischen Hügeln, so lange, bis die Stadt wieder bewohnbar ist.

Doch dort, in Sicherheit vor der Seuche, entsteht

ein neues Problem, wenn auch auf hohem, auf allerhöchstem Niveau: Was fangen sieben hübsche junge Damen und drei adrette junge Herren den lieben langen Tag an?

Alle sind sich einig, dass der Anstand gewahrt bleiben muss. Da kommen sie auf eine Idee: Sie wollen sich Klatschgeschichten erzählen, das Neuste, Erstaunlichste, Komischste, was ihnen jüngst zu Ohren gekommen ist. Die mit Abstand meisten Erzählungen, die während der folgenden zehn Tage zum Besten gegeben werden, handeln von den Wonnen der Liebe und den gewundenen Wegen der Leidenschaft. Die zehn jungen Menschen beweisen in der Tat Anstand: Sie tun nicht das, wonach es sie insgeheim verlangt; sie reden davon!

Nun, das *Decamerone* zeigt uns, dass es offensichtlich zu allen Zeiten gleich zugeht: Was die Herzen der Menschen am meisten bewegt, ist die Liebe. Boccaccio schildert in seiner Geschichtensammlung zahlreiche Formen: von der schnellen Affäre mit sportlichem Ehrgeiz bis zur vergeistigten Hingabe an eine unerreichbare Schöne. Jeder Art widmet Boccaccio eine Geschichte, und es entsteht ein filigranes Mosaik aus Leidenschaften, Sehnsüchten, Begierden und komischen bis rührenden Szenen.

Unsere heutige Welt der Klatschgeschichten, die Welt des Boulevards, kennt nicht so zahlreiche Formen der Liebe, sie bleibt bei ihrem »Verliebt, verlobt, verheiratet«, was auf die Dauer diese Welt und ihre Erzeugnisse fürchterlich langweilig macht; und überdies eine überraschende Erkenntnis zutage fördert: Die Zeit der Renaissance war offenbar weit liberaler als unsere buntbebilderte Gazetten-Gegenwart, die letztlich in schematisierten Formen erstarrt ist.

Denn was wir heute erleben, wenn die Liebe auf den Boulevard hinaustritt, ist die Inszenierung eines gigantischen medialen Groschenromans. In dieses Klischee werden unablässig wechselnde Prominente mit ihren Hochzeiten und Scheidungen, ihren Affären und Liebeleien als Papierhelden hinein- und wieder herausgeschrieben. Die Figuren werden als Suchende gezeichnet. Aber in Wahrheit sind sie Finder. Sie finden, bevor sie wirklich zu suchen begonnen haben. Und was sie finden, ist gleichzeitig ihre Erfüllung und Daseinsberechtigung als Groschenromanheld: Das Glück des Boulevards: ein weiteres Grinsportrait im Blattgoldrahmen.

Ist dies das Liebesglück, von dem Goethe sprach? »Himmelhoch jauchzend, zum Tode betrübt«, gefährlich, erregend, ein Herz und ein Leben erfüllend? Wohl kaum: Es ist ein domestiziertes Glück, das nur einen schmalen Teil aller möglichen Liebesformen widerspiegelt; eine ehemalige Leidenschaft, die man in das Korsett von Konvention und Opportunität gezwängt hat. Dass das Korsett im besten Falle von Chanel geschneidert wurde, macht die Sache nur unwesentlich besser.

Man kann allerdings, wenn man lieber will, dem Liebesglück des Boulevards auch einen anderen Namen geben. Nennen wir es schlicht und ergreifend

Kitsch! Das Spiel des Kitsches ist ein Spiel mit der Sehnsucht nach der heilen Welt. Für Millionen von Menschen wird regelmäßig eine Show inszeniert, deren Drehbücher so schlicht wie raffiniert sind. Versierte Regisseure inszenieren weichzeichnerveredelt massenkompatible Idyllen inklusive ihrer gelegentlichen, doch stets nur vorübergehenden Zerstörungen. Der Begriff Idylle bedeutet im griechischen Original ursprünglich »Bildchen«, gemeint ist ein netter Anblick von gefälliger Natur: ein Feld, eine Wiese, ein sanfter Bachlauf, eine Herde Schafe dazu. Dagegen kann niemand etwas einwenden. Im Mittelalter, als die allgemeine Vorstellung herrschte, wir Menschen lebten in einem Jammertal, weil wir vor Zeiten aus dem Paradies vertrieben worden seien, galt die Idylle als die Sehnsucht des Menschen nach ebendiesem verlorenen Paradies.

Aber ich frage mich: Haben wir das Paradies wirklich verloren? Oder könnte es nicht sein, dass wir noch immer mitten darin leben und es bloß nicht mehr wissen?

Franz Kafka, der früh vollendete Dichter aus Prag, schrieb einmal: »Wenn das, was im Paradies zerstört worden sein soll, zerstörbar war, dann war es nicht entscheidend; war es aber unzerstörbar, dann leben wir in einem falschen Glauben.«

Das Liebesglück des Boulevards, der zum Kitsch gewordene Klatsch, könnte ein solcher falscher Glaube sein; falsch aufgrund beschränkter Annahmen und emotionaler Erstarrung.

3
In der guten alten (Stein-) Zeit

Ich komme wieder auf unser Mädchen und unseren Jungen zurück. Sie bewegt noch immer die Frage nach dem, was mit ihnen geschehen ist. Beide sind ungefähr im gleichen Alter und gehen noch zur Schule, freilich nicht in dieselbe, was erklärt, warum sie sich seit ihrer ersten Begegnung nicht mehr über den Weg gelaufen sind.

Am Tag nach dem Erlebnis hat der Junge Biologieunterricht, den er für gewöhnlich mit gedämpfter Aufmerksamkeit verfolgt. Diesmal wird er hellhörig. Es ist von Partnerwahl und Sexualität die Rede. Das Thema wird vor dem Hintergrund der wahrscheinlich populärsten biologischen Einzeldisziplin behandelt: der Evolutionstheorie.

Werfen wir an dieser Stelle gemeinsam mit dem Jungen einen Blick auf diese Wissenschaft, die im 19. Jahrhundert von England aus in kürzester Zeit die Welt eroberte und das traditionelle Weltbild der abendländischen Menschen radikal auf den Kopf stellte. Ihr Urheber ist Charles Darwin. Seine revolutionären Entdeckungen im Bereich der Biologie sehen so aus: Alles in der Natur ist einem beständigen Wandel unterworfen, und jede Spezies hat einen langen Weg der Entwicklung zurückgelegt, um fit zu sein für den alles entscheidenden und alle übrigen Belange überragenden Kampf ums Überleben.

Darwins Theorie beinhaltet einen hochbrisanten weltanschaulichen Sprengstoff: Der Mensch, der sich stets für die Krone der Schöpfung gehalten hat, ist der Theorie zufolge alles andere als ein privilegiertes Wesen; er unterliegt denselben Entwicklungs- und Abstammungsprozessen wie jede Biene im Wald, jeder Baum auf der Wiese, jeder Affe im Dschungel. Vor allem Letzteres war im konservativen 19. Jahrhundert ein Affront ohnegleichen (und ist es in gewissen Kreisen noch heute). Dass der Mensch und der Affe gemeinsame Vorfahren haben sollen, das war dann doch – bei allem Respekt vor der Wissenschaft – zu viel des Guten. Doch ganz gleich, wie man dazu steht, der Evolution ist unsere Ansicht gleichgültig. Sie bleibt nach Darwin in jedem Fall das, was sie ist: die einzig wirkende Naturkraft, ohne Sentimentalitäten, ohne Parteilichkeit. So hat sie gleichfalls keine Skrupel, aus ein und demselben Holz den Menschen wie den Affen zu schnitzen, um die weitläufige Sippschaft auf die Bahn des Lebens zu schicken; unsere haarigen Verwandten in die Urwälder des Kongo oder nach Sri Lanka; die Menschen in die Dschungel von Berlin, München oder Castrop-Rauxel.

In unseren Tagen steht die Evolutionstheorie im Verein mit der Genetik hoch im Kurs, wenn es um die Erörterung menschlicher Verhaltensweisen und Befindlichkeiten geht. Warum tut der Mensch, was er tut? Warum ist er, wie er ist? Beispielsweise verliebt?

Die Erklärungsmuster der Evolutionsbiologen und der Vertreter ihrer Tochterdisziplin, der evolutionären Psychologie, sind immer gleich. Die Wissenschaftler spannen einen weiten historischen Bogen, vergleichbar einem Erzähler, der zu Beginn seiner Geschichte vorausschickt, er müsse, um ein klares Bild zu vermitteln, ganz weit ausholen und bei Adam und Eva beginnen. Nicht ganz, aber doch fast dort setzen die Evolutionsbiologen an. Sie holen aus bis in eine Zeit, die vor rund zwei Millionen Jahren begann und um 11000 vor Christus ein vorläufiges Ende nahm: die sogenannte Steinzeit. Dort, so behaupten die Evolutionsforscher, habe alles seinen Anfang genommen. In den urwüchsigen Weiten der Savanne, in den dunklen Winkeln der Wälder oder an den Küsten der Ozeane habe der Mensch ein für alle Mal seine Prägungen erfahren, wie er zum Leben, zu seinen Mitmenschen, wie er zur Liebe steht. Dementsprechend wird alles, was der Mensch tut oder lässt, von folgenden ehernen Gesetzen diktiert: die Ausbildung von Überlebensstrategien und die Entwicklung von effizienten Fortpflanzungs- und Paarungsverhalten.

Die Geschichte, welche die Forscher uns zur Erklärung erzählen, geht so: In der guten alten Steinzeit lebten die Menschen in Sippen von schätzungsweise 40 bis 100 Menschen. Sie lebten als Jäger und Sammler.

Die Jagd war die Domäne der Männer, und alles, was zählte, waren die Tugenden der Jagd: Tunnelblick, Weitblick, Mut und ständige Kampfbereitschaft. Alle sonstigen Fähigkeiten oder Eigenschaften spielten keine Rolle: Ob einer gut Witze erzählen oder den Damen Komplimente machen konnte, ist evolutionstheoretischer Unsinn; auch wenn der Unsinn bisweilen sehr viel Spaß machen kann …

Während nun der Steinzeitmann mit Keule und Steinaxt bewaffnet auf Mammutjagd war, versorgten die Frauen den Haushalt und den Nachwuchs. In den Zwischenzeiten sammelten sie emsig wie Bienen, was Flora zu bieten hatte. Das verlangte nach ganz eigenen Tugenden; nicht Mut und Tatkraft waren hier gefragt, sondern Fürsorge und Feingefühl und überhaupt die Fähigkeit, mehrere Dinge auf einmal zu erledigen, heute unter dem Begriff Multitasking geläufig. Solcherart war folglich der Nährboden für das Überleben der Art und der Nachkommen bereitet.

Fehlt noch das eigentliche Nachkommenmachen. Das, so die Evolutionsbiologen, folgte ebenfalls dem Muster von Zweckrationalität. Die stärksten Jäger nahmen sich die gesündesten Beerensammlerinnen und zeugten, was das Zeug hergab; übrigens nicht jeder nur mit einem einzigen Partner, sondern quer durch- und miteinander, immer auf der Suche nach den robustesten, frischesten, gesündesten Artgenossen.

Das Sensationelle an dieser Theorie ist nun die Schlussfolgerung: So wie es in der Steinzeit war, behaupten die Forscher, genauso sei es noch heute. Einmal Neandertaler, immer Neandertaler! Und zwar aus folgendem Grund: Da die Lebensweise der geschlechterspezifischen Arbeitsteilung offensichtlich unser Überleben gesichert hat – wir alle sind der wandelnde Beweis –, muss es folglich die einzige evolutionär vernünftige Lebensweise sein.

Und das heißt im Klartext: Das Leben von Milliarden Mädchen und Jungen ist in seinen Eckpunkten ein für alle Mal vorherbestimmt; die Rollen sind verteilt: Der Mann, stark und mutig, erlegt das Wild; die Frau sammelt, was sie finden kann, und umsorgt den Nachwuchs. Denn nur darum geht es: Fortpflanzen und Überleben. Und nun fragen wir verwundert, wo in dieser Welt, wo zwischen Mammutjagd und Beerenlese, wo im zweckrationalen Fortpflanzungsbetrieb die Liebe wohnt?

Die Antwort der Evolutionstheorie fällt drastisch aus: Die Liebe wohnt nirgendwo; es gibt sie nicht! Sie ist nichts weiter als die Erfindung romantischer Dichter und ihrer sentimentalen Leserinnen und Leser. Denn was diese Liebe nennen, sei lediglich eine Finte der Natur, uns Menschen auf verfeinerte Art und Weise zum aktiven Fortpflanzungsakt zu drängen, damit die Saat unserer Lenden das Überleben unserer Spezies auf ewig zu sichern vermag.

Dementsprechend habe sich auch unserer genetischer Bauplan entwickelt. Wie ein Schwamm haben unsere Gene die steinzeitlichen Erfahrungen aufgesogen und geben diese als Quintessenz allen Lebens stillschweigend von Generation zu Generation weiter:

Der Mensch denkt, das Gen lenkt. Und wohin lenkt das Gen? Ganz einfach: Das männliche am liebsten in den Schoß von zahlreichen frischen, gesunden, runden Weibchen; während das weibliche gebärgierig die geballten Samenergüsse der stärksten, mutigsten und wohlhabendsten Männchen ersehnt.

Nun, liebe Leserin, lieber Leser, unter uns – hier stimmt doch etwas nicht. Diese Schlussfolgerungen wirken alles andere als überzeugend. Und ich frage mich gleichzeitig, wie unser Junge auf das Ergebnis reagiert. Ich kann mir gut vorstellen, dass er tief enttäuscht sein wird. Er hat sich mehr versprochen. Sein Gefühl verheißt ihm etwas weit Bedeutenderes und Wertvolleres als reine Fortpflanzung. Er sagt sich: Wenn das so wäre, wie sie behaupten, warum bin ich dann so fürchterlich durcheinander? Habe ich eine Macke oder leide ich an einem Phantomschmerz?

Als ich mich das erste Mal mit den Gedanken der Evolutionstheorie auseinandergesetzt habe, während meiner Zeit als Philosophie- und Literaturstudent, ging es mir nicht anders. Ich war verwundert und befremdet, und mein erster Impuls war Skepsis. Daran hat sich bis heute nichts geändert. Zwar hat die Theorie einer sich im steten Wandel befindlichen

Natur zweifelsohne ihre Berechtigung – jeder Blick aus dem Fenster liefert ja den Beweis –, doch gleichwohl frage ich mich, worauf die Wissenschaftler ihre speziellen Ergebnisse aufbauen. Unsere Fundstücke aus der Steinzeit sind äußerst rar, und die Schlussfolgerungen, die wir daraus ziehen, sagen vielleicht mehr über unsere Zeit aus als über die Vergangenheit.

Überdies stellt sich die Frage, warum ausgerechnet die Steinzeit der Maßstab aller Dinge sein soll? Wenn alles beständig im Wandel ist, dann gibt es streng genommen weder Anfang noch Ende, keinen historischen Maßstab, kein »Normal Null« der menschlichen Befindlichkeit.

Es ist auch nicht erkennbar, auf welche Weise die biologische Veranlagung einem Geschöpf wie dem Menschen, der sein Wesen, seine Kultur, seine Moral aus sich selbst erschafft, unabdingbar seinen Willen aufdrücken sollte. Sind wir denn nichts weiter als Marionetten an den Schnüren der Evolution, wo ein großer Spielmeister die Kasperle mal hierhin, mal dorthin zerrt?

Der Mensch ist keineswegs der Knecht seiner Herkunft und er ist nicht gezwungen, jede Tatsache, bloß weil sie da ist, kritiklos als ewige Wahrheit zu akzeptieren: Der Mensch lebte vormals in Höhlen, aber auf Dauer war er damit nicht zufrieden, so erfand er Häuser, Villen, Paläste. Der Mensch lebte von rohem Mammutfleisch und Heidelbeeren, doch bald schon entwickelte er kulinarische Visionen.

Dass wir Menschen Fortpflanzungsorgane besitzen, ist zweifelsohne eine allgemein bekannte Tatsache, doch was wir mit diesem Faktum anfangen, das hängt von jedem einzelnen ab. Ein schönes englisches Sprichwort sagt: »It's not important what you have, but what you can do with it« (Es kommt nicht darauf an, was du hast, sondern was du damit anstellen kannst).

So sind der Bandbreite der Anwendungsmöglichkeiten keine Grenzen gesetzt: vom umfangreichen Gebrauch privater oder gewerblicher Natur über den wohldosierten Feiertagsvollzug bis hin zur Totalabstinenz aus religiösen oder weltanschaulichen Gründen.

Nicht anders sieht es mit den Meinungen zum Thema aus: Für den einen ist »Sex ein Geschenk Gottes«, wie der brasilianische Bestsellerautor Paulo Coelho einmal sagte; für den anderen eine schnelle Nummer zwischendurch; für wieder andere die körperliche Ebene einer geistigen Beziehung. Tausend Menschen, tausend Meinungen. Und nur die Ansicht der Fortpflanzungstheoretiker sollte maßgebend sein?

Und wenn tatsächlich die Fortpflanzung im Liebesleben von uns Menschen die einzig zentrale Rolle spielen soll, wie erklärt die Evolutionstheorie die Liebessehnsucht von Menschen, die nicht mehr zur Fortpflanzung befähigt sind? Frauen nach der Menopause oder Männer mit Potenzproblemen? Gilt für diese Gruppe nur ein bedauerndes: »Tja, schade, aber das war's dann wohl«?

Und wie sind in diesem Erklärungsraster homosexuelle Liebesverhältnisse zu erklären? Als Ausrutscher der Natur, als Ausnahmen von der Regel?

Und nicht zuletzt, welche Bedeutung haben diese Thesen für unser wirkliches Leben? Erklären Sie mir, warum ich so unbegreiflich sehnsuchtsvoll bin, wenn der geliebte andere nicht bei mir sein kann; und warum ich vor Freude bersten könnte, nachdem ich am Telefon eine Verabredung mit der Dame meines Herzens vereinbart habe?

Indes, ungeachtet der genannten Einwände erfreut sich die evolutionäre Genetik großer Beliebtheit unter Wissenschaftlern (obgleich sie durch die neue Disziplin der Epigenetik eine große Konkurrenz im eigenen Hause bekommen hat).

Die Medien nehmen die genetischen Schlagworte begierig auf und formulieren provozierende und verkaufsfördernde Titel wie: »Der Mensch – ein liebender Affe« und so weiter.

Jedes Mal, wenn ich von dergestalt neuen Entwicklungen in der Genforschung lese, bin ich wie früher immer wieder erstaunt und befremdet und versuche mir auszumalen, wie es damals in der Steinzeit wohl zugegangen sein mag. Ich suche nicht nach anderen Erklärungen und Schlussfolgerungen, sondern nach Bildern und Geschichten; nach Menschen.

Ich sehe einen Neandertaler. Er kehrt von der Jagd zurück; glücklos, denn die Beute war schneller als er. Er ist niedergeschlagen, und sein Magen wie der seiner Kameraden gibt dunkle Knurrtöne von sich.

Erschöpft lässt er sich an einem Bachlauf nieder, um auszuruhen, während die Kameraden weiterziehen. Er zweifelt an seinen Fähigkeiten. Mehr und mehr ergreift Müdigkeit Besitz von ihm, bis er schließlich ermattet einnickt.

Eine unbekannte Stimme reißt ihn aus dem Schlummer. Eine Frau aus seiner Sippe, etwas älter als er, die er nur flüchtig kennt und mit der er nie mehr als ein paar Worte gewechselt hat, steht vor ihm. Sie setzt sich zu ihm ins Gras, und sie kommen ins Gespräch. Wir wissen nicht, welche Neuigkeiten die Neandertaler ausgetauscht haben, aber es wird wohl nicht viel anders gewesen sein als heute auch. Wer mit wem und warum auch nicht, wer sich was gebrochen oder gestaucht hat. Was es zu essen gibt. In diesem Fall: nichts. Das Kotelett zum Abendessen war die Aufgabe des Jägers gewesen. Er schämt sich. Doch die Frau erhebt keine Vorwürfe, spricht in ruhigem Tonfall weiter und sieht ihn verständnisvoll an. Ihre Magengeräusche dringen dumpf an das Ohr des Mannes und erinnern ihn in regelmäßigen Abständen an sein unmännliches Versagen.

Sie schweigen eine Weile. Und dann, nachdem sie einander stumm angeblickt haben, beugt die Frau sich zu ihm und drückt ihm einen Kuss auf den Mund – oder sie reibt ihre Nase an seine oder was auch immer Neandertaler in solchen Fällen zu tun pflegten. Kurz: Sie zeigt ihm ihre Gefühle, die er mit einem Ausdruck der Überraschung erwidert. Sie haben Gefallen aneinander gefunden und begeben sich an das, was schöne Neandertalerinnen mit kräftigen Neandertalern zu tun pflegen, wenn sie aneinander Gefallen gefunden haben.

Danach gehen sie wieder auseinander, und augenblicklich vernehmen sie wieder das Brüllen ihrer Mägen. Und doch ist für eine kurze Weile ihre Not in Vergessenheit geraten. Sie haben vorübergehend die Welt der Jagd und der Sorge um Beute verlassen und ein ganz anderes Reich betreten. Das hat zwar das Hauptproblem, den Hunger, nicht beseitigt; doch haben sie für die Herrlichkeit einer Weile das Knurren ihres Unglücks zum Schweigen gebracht.

4
Die andere Hälfte

Es geht auf Abend zu. Das Mädchen ist allein zuhause, ihre Eltern sind mit Bekannten aus. In ihrem Zimmer läuft der Fernseher. Eben hat sie mit ihren Freundinnen telefoniert, doch sie kann sich zu keiner Verabredung entschließen. Die Begegnung mit dem Unbekannten, den sie seither nicht wiedergesehen hat, hält sie noch immer in Atem. Sie hat lebhaft, jedoch alles andere als deutlich, sein Bild vor Augen: Waren seine Haare braun oder blond, gerade oder gelockt, benutzte er Gel? War die Farbe seiner Jacke grün oder grau? Über allem beschäftigt sie eine weitere Frage: Wie hat er sie gesehen? Hat sie ihm gefallen? Mochte er die Art, wie sie den Kopf langsam seitwärts wendet, eine Geste, die sie gewissenhaft vor dem Spiegel eingeübt hat?

Und weiter: Hat er eine feste Freundin? Ist sie schöner und begehrenswerter als sie? Wie viele Freundinnen hatte er bereits?

Unversehens beginnt das Mädchen, ein Leben an der Seite des Jungen zu erträumen. Sie erschafft Vorstellungen, die sie erregen, umso mehr, je waghalsiger sie ihrer Fantasie die Zügel lässt. Sie will den Fremden kennenlernen, will, ja muss alles von ihm wissen, denn die Ungewissheit bringt ihr Herz zum Stolpern.

Ein großer Kenner der Liebe, der Rokoko-Schriftsteller und Lebenskünstler Giacomo Casanova, wusste um die Macht der Sehnsucht und des Wissenwollens, er schrieb: »Zu drei Vierteln besteht die Liebe aus Neugier.«

An diesem Abend ist die Liebe für das Mädchen die Neugierde auf ein mögliches Leben und zugleich ein Bündel erregend quälender Fragen ohne Antworten.

Und was das Mädchen nicht wissen kann: Es geht dem Jungen einstweilen nicht anders als ihr. Auch er vermisst seine geheimnisvolle Fremde. Seit ihrer Begegnung verging nicht ein Tag, ohne dass er an der Bushaltestelle auf sie gewartet hätte. Doch vergebens, sie kam niemals.

Nun, unser Junge gehört nicht zu der Art von Mensch, der sein Herz auf der Zunge trägt; er macht seine Gedanken und Gefühle gerne mit sich selber aus. Zu seinen Kumpel vom Fußball spricht er nur ein einziges Mal von seinem Mädchen. Es geschieht nach einem Training unter der Dusche, als die Stimmung überschwänglich und ausgelassen ist. In dieser Laune werden Imponiergeschichten zum Besten gegeben, und diesmal ergreift unser Junge das Wort. Er will wetteifern mit den anderen und beweisen, dass auch er ein cooler und verwegener Typ ist. Er sagt: »Letztens habe ich an der Bushaltestelle eine geile Tussi gesehen. Ich hätte ja alles klargemacht, da kommt ihr blöder Bus und sie steigt ein. Aber das nächste Mal, ich schwöre, ist sie fällig.«

Kaum sind die Worte an die Kachelwände der Dusche geprallt, überfällt den Jungen eiskaltes Entsetzen. Was hat er getan? Er kann es nicht fassen. Er hat das gerade Gegenteil dessen gesagt, was sein Herz eigentlich sagen will.

Zu allem Unglück kommt die Prahlerei noch nicht einmal gut an: Die Kumpel sind nur mäßig beeindruckt. Sie erkundigen sich nach der Größe gewisser körperlicher Details und lachen übertrieben laut. Sie geben sich, gestärkt nach hartem Training, rau und erfahren, obwohl keiner von ihnen je eine Freundin hatte. Sie sprechen ungehobelt und verletzend, weil das für sie die Fahrkarte in die große weite Welt darstellt. Im Grunde aber sind sie alle unsicher und weichherzig und müssen um sechs Uhr pünktlich zum Abendbrot zuhause sein.

Später, als der Junge wieder allein ist, versucht er zu beschwichtigen: »Im Grunde habe ich von jemand anderem gesprochen.« Doch er spürt, dass das eine Lüge ist. Wie kann es sein, dass er seine schöne Unbekannte, seine Liebste vor den anderen erniedrigt und beleidigt hat? Beleidigt und verraten! Und das, da das Mädchen keine Möglichkeit hatte, sich zur Wehr zu setzen! Der Junge begreift: Er hat das Vertrauen, das die Unbekannte mit ihrem Lächeln in ihn gesetzt hat, auf die dümmste Art und Weise missbraucht.

In dieser Nacht liegt er lange schlaflos. Seine Gedanken kreisen nur um sie. Er schämt sich für seine Worte und würde sich am liebsten bei ihr entschuldigen. In einem erfundenen Dialog tut er dies. Er erträumt sich eine Versöhnungsszene, in der er alles erklären und seine Beichte mit einem Kuss beenden wird. Unter den Bildern seiner Vorstellung schläft er ein, ganz Sehnsucht, ganz Vorfreude auf ein Ereignis, das vielleicht niemals eintreten wird. Vielleicht aber doch: Und dann wird er einen bestimmten Fehler gewiss kein zweites Mal begehen.

Überlassen wir nunmehr, liebe Leserin, lieber Leser, unsere beiden Jungverliebten den Träumen ihrer Nächte und den Festbällen ihrer Fantasien. Und nehmen wir einstweilen wieder unsere ursprüngliche Frage auf: Was ist das, die Liebe? Und formulieren wir vor dem Hintergrund der Wunschträume und Verwirrungen unserer beiden die Frage nunmehr anders: Woher stammt die unerklärliche Sehnsucht nach dem anderen, die in unserem Leben immer wieder für die größten Überraschungen sorgt?

Eine Antwort, wenn auch eine sehr rätselhafte, gibt uns eine alte Geschichte, ein Mythos aus der Antike. Der Dichterphilosoph Platon erwähnt ihn in seinem Werk *Das Gastmahl.* Die Geschichte geht so:

Im Anfang, als die Welt noch jung war, gab es nicht wie heute zwei Geschlechter, sondern drei. Dieses dritte war aus Männern und Frauen gebildet. Und weil die Gestalt dieser verdoppelten Menschen rund war, wurden sie Kugelmenschen genannt. Diese besaßen alles in doppelter Zahl: vier Hände, vier Beine, vier Füße und zwei Geschlechtsteile. Mit einer Ausnahme: Die Kugelmenschen hatten nur einen Kopf, wiewohl mit zwei Gesichtern und zwei Augenpaaren. Diese Menschen waren allen anderen Menschen weit überlegen. Und wie sollte es auch anders sein? Vermittels ihrer vier Beine bewegten sie sich rasend schnell; vermittels ihrer vier Arme konnten sie die schwersten Arbeiten in kürzester Zeit verrichten. Kurz: Sie waren aufgrund ihrer Doppelnatur doppelt begabt, doppelt erfinderisch, doppelt ehrgeizig.

Auf diese Weise erlangten sie die Herrschaft über die Welt; und nicht nur das: Auch den allmächtigen Göttern kamen sie gefährlich nahe, denn sie waren doppelt so schlau wie die anderen Menschen und vermochten Dinge und Zusammenhänge zu begreifen, welche für die Normalsterblichen nicht einsichtig waren. Das konnte Zeus, dem Göttervater, selbstverständlich nicht gefallen. Ihn ärgerte die rebellische Brut, die er einst geschaffen hatte. Doch er wusste Rat und sprach: »Wenn ihre doppelte Kraft mich herausfordert, dann werde ich sie eben wieder trennen und ihrer Zwillingsmacht berauben.«

So geschah es. Zeus, der in seinen Maßnahmen weder zögerlich noch zimperlich zu sein pflegte, brachte sein göttliches Skalpell in Anschlag und trennte die Kugelmenschen mitten entzwei, sodass sie von nun an wieder im buchstäblichen Sinn zu einfachen

Menschen wurden; mit zwei Beinen, zwei Händen und einem Geschlechtsteil.

Doch schon gleich nach der Amputation geschah etwas Überraschendes: Anstatt sich klaglos in ihr neues Single-Dasein zu fügen, entwickelten die jeweiligen Teile eine große Sehnsucht nach der verlorenen Hälfte. Sie wünschten nichts inständiger, als wieder in den Zustand der Einheit zurückzukehren.

Und aus ebendiesem Grund, so der Mythos, suchen auch wir – die Nachfahren der einstigen Kugelmenschen – noch immer unsere andere Hälfte. Und wenn wir sie finden (oder zu finden glauben), so umarmen, küssen und vereinigen wir uns, um jene ursprüngliche Natur wiederherzustellen, die der machtbesessene Zeus so erbarmungslos getrennt hat.

Der antike Mythos erklärt, was schwer zu ergründen ist: Warum wir uns verlieben und den tief empfundenen Wunsch beherbergen, mit einem anderen Menschen unser Leben zu teilen oder – wenn man lieber will – zu verdoppeln.

Der Mythos sagt indessen nichts über die realen Hindernisse im Spiel der Sehnsüchte; über die Schwierigkeiten beim Kennenlernen, die Kunstkniffe der Verführung und die dazugehörigen Finten und Schattenspiele. Der Mythos erteilt keine Ratschläge und gibt keine konkreten Antworten; beispielsweise auf die Frage:

Wo finde ich meine andere Hälfte? Und wie nehme ich Kontakt zu ihr auf? Fragen, denen wir unbedingt nachgehen sollten.

Berühmte Liebespaare I
Romeo und Julia

Es ist wohl zweifelsohne das berühmteste aller Liebespaare: Romeo und Julia aus der Feder von William Shakespeare. Ihre Liebe ist von ganz besonderer Natur; sie ist eine Trotz-Liebe. Es dürfte sie eigentlich, bei der Vielzahl von Widerständen, denen sie ausgesetzt ist, gar nicht geben. Und manch anderer mit weniger Willenskraft und Mut hätte längst aufgegeben und wäre den Weg ihrer Liebe nicht zu Ende gegangen. Wie geht ihre Geschichte?

Im sonnigen norditalienischen Verona herrscht eine alte, erbitterte Feindschaft zwischen zwei Adelshäusern: den Montagues und den Capulets. Es handelt sich um eine wirkliche Fehde, nicht vergleichbar den Differenzen, die politische Parteien heutzutage vor den Augen der Kameras inszenieren, während sie hinter den Kulissen sich längst aufs Einvernehmlichste arrangiert haben; nein, diese Feindschaft in Verona war tödlich und ernst.

Und nun geschieht es ausgerechnet, dass ein Mitglied der Familie Montague, Romeo, sich in ein Mitglied der Familie Capulet, in Julia verliebt. Und sie umgekehrt auch in ihn. Die Liebe trifft beide wie ein Schlag; es gibt kein Zögern, kein Zweifeln; es ist Liebe und Leidenschaft auf den ersten Blick. Doch gefühlsselig und trunken von Küssen verlieren sie nicht den Blick für ihre desolate Lage, im Gegenteil: Sie reden sich nichts schön, sondern beschließen, ermutigt von der Kraft ihrer Empfindungen, ihr Leben selbst in die Hand zu nehmen. Sie wollen sich heimlich trauen lassen, um ihrer Beziehung Legitimität zu verleihen. Überdies wollen sie für unmissverständliche Tatsachen sorgen, denn Julia ist bereits einem anderen Mann, Paris, versprochen, der sie in nicht allzu ferner Zukunft vor den Traualtar führen will.

Vor einem Mönch ihres Vertrauens schließen Romeo und Julia heimlich den Bund fürs Leben, und ebenso heimlich verbringen sie ihre Hochzeitsnacht. Doch die Freuden währen nicht lange, Romeo muss seine Julia im Morgengrauen verlassen.

Als er kurze Zeit später durch die Straßen von Verona irrt, trifft er Angehörige der verfeindeten Capulets. Es kommt zu einem Kampf, in dessen Verlauf er einen nahen Verwandten Julias tötet. Für diesen Mord wird Romeo zu lebenslanger Verbannung verurteilt: ein weiterer Schlag für die Liebenden, denn Romeo darf bei Todesstrafe Verona nicht mehr betreten. Nun ist er unschlüssig, was er tun soll: Sollte er sich und allem mit Gift ein Ende machen? Nein, ausgeschlossen! Er beschließt, mit seiner Liebsten zu fliehen.

Einstweilen überschlagen sich auch für Julia die Ereignisse. Ein Heiratstermin mit Paris wird ultimativ festgesetzt; sie kann sich nicht mehr wehren. Nun ist guter Rat teuer.

Sie vertraut sich dem Mönch an, der sie zuvor heimlich getraut hat. Dieser ist ein sympathischer und einfallsreicher Bursche und unterbreitet ihr einen raffinierten Plan: Julia soll von einem Elixier trinken, das sie für drei Tage tot erscheinen lässt. Unterdessen soll Romeo von einem Boten über die Strategie informiert werden und nach der Frist zu ihrer Gruft kommen, um mit ihr die Flucht zu wagen. Julia sieht keinen anderen Ausweg aus der Zwangslage und trinkt mutig die geheimnisvolle Essenz, voller Hoffnung, nach einem Dreitagetod in den Armen ihres Liebsten ins Leben zurückzukehren.

Doch – und jeder von uns kennt das zur Genüge – wenn es einmal dumm läuft, dann aber richtig! Romeo erfährt von Dritten von dem vermeintlichen Tod Julias, ist allerdings nicht von dem Plan in Kenntnis gesetzt worden, weil der Bote ihn nicht erreicht hat. Deshalb muss er für wirklich halten, was nur Schein ist: Die Liebe seines Lebens ist gestorben! Gebrochen vor Kummer begibt sich der Verbannte unter Todesgefahren in die Stadt und sucht die Gruft auf, in welche die Familie Julia gebracht hat. Vor dem Eingang trifft er auf Paris, den falschen Bräutigam, gerät in Streit mit ihm und tötet ihn. Er bricht das Tor zur Gruft auf und erblickt Julia aufgebahrt im Totenkleid. Nie zuvor war solcher Schmerz, solches Leid! Romeo bedeckt Julias Antlitz mit Küssen, bis seine Tränen ihre Wangen überfluten. Er zögert keinen Moment: Ohne sie will er nicht länger am Leben bleiben, zückt eine Phiole Gift und gibt diesmal dem düstern Todesdrang nach. Er trinkt und stirbt – anders als Julia – für immer.

Nach einer Weile erwacht Julia und sieht den toten

Romeo zu ihren Füßen. Sie begreift, dass der findige Plan gescheitert ist. Nun hat auch für sie das Leben keinen Sinn mehr. Sie ergreift das Schwert ihres Liebsten und stürzt sich in die Klinge.

So endet tödlich und dramatisch – eben typisch Shakespeare – die Liebe von Romeo und Julia. Sie währte nur kurz. Doch was die Tiefe der Gefühle anlangt, zählt sie an hundert Jahre. Eine Liebe übrigens, die nicht ohne positive Folgen bleibt: Als die Stadt Verona von dem Schicksal der beiden erfährt, versöhnen sich die verfeindeten Familien Montague und Capulet; eine späte, viel zu späte Einsicht, doch immerhin.

Romeo und Julia hatten niemals eine reelle Chance, zu keinem Zeitpunkt. Doch sie ließen sich nicht entmutigen und trotzten allen Widrigkeiten; so jung und frisch verliebt sie waren, sie besaßen dennoch genügend Weltweisheit, um das Wesentliche im Leben zu erkennen und zu leben: Sie schöpften das Reich ihrer Möglichkeiten aus. Dabei blieb ihre Liebe von der Unbill der Widerstände unbeschadet. Im Trotz gegen die Umstände wuchs die zarte Blüte ihrer Liebe zu einem mächtigen unerschütterlichen Baum. In dessen Rinde alle Liebenden für alle Zeiten die Synonyme für Mut und Leidenschaft eingeritzt finden:

Romeo und Julia.

Aller Anfang ist schwer

1
Die Prinzessin auf der Erbse

So stellen wir denn die Frage, die uns alle umtreibt: Wie finde ich und wo, an welchen Plätzen und in welchen Gesellschaften meinen anderen Teil; die Frau, den Mann fürs Leben oder auch bloß für die nächsten Stunden? Darauf eine klare Antwort: Überall und nirgends. Es kommt nämlich einzig darauf an, welche Sicht der Dinge man bevorzugt, ob man der Fraktion der Optimisten oder der Pessimisten zuneigt.

Mir fällt hierzu eine komische Begebenheit ein: Treffen sich ein Optimist und ein Pessimist. Fragt der Optimist: »Wieso siehst du so niedergeschlagen aus?« Antwortet der Pessimist: »Ach, die Liebe! Es läuft ja doch immer wieder auf dasselbe hinaus!« Sagt der Optimist: »Na, das will ich doch stark hoffen!«

Beide reden offensichtlich von demselben, doch beide meinen nicht dasselbe: Der Optimist sieht Chancen, Möglichkeiten, offene Türen, wo der Pessimist einzig Mauern und unüberwindbare Gräben erblickt.

Dennoch besitzen beide Antworten zusammen genommen einen gemeinsamen Wahrheitskern. Sie sagen: Im Spiel der Begegnungen ist auf einer Skala von null bis Unendlich alles möglich.

Und in der Tat: Ein englischer Geschäftsmann kann sich im Urlaub auf Kreta in eine dänische Stewardess verlieben; ein Filmstar in seinen Kameramann; eine Chansonsängerin italienischer Herkunft kann das Herz eines Staatsmannes erobern.

Die große Liebe des berühmten Dichters Heinrich Heine war eine einfache Pariser Blumenverkäuferin, Mathilde mit Namen, die kein Wort Deutsch verstand und deshalb nie eine einzige Zeile ihres Mannes gelesen hat. Wenn im Hause Heine des Abends illustre Persönlichkeiten zu Besuch waren – Honoré de Balzac oder Karl Marx –, war Mathilde immer wieder überrascht, welchen Umgang ihr Mann pflegte, und wunderte sich: »Ist mein Henry wirklich so berühmt, wie alle sagen?«

Wenn zwei Menschen einander wirklich wollen, dann spielen Herkunft, Kultur und Religion keine Rolle. Probleme damit haben immer nur die anderen, die nicht verliebt sind und die in einer ungewöhnlichen Begegnung eine Gefahr für die Tradition oder einen Sittenskandal wittern.

Einstweilen gibt es auf den Schauplätzen der amourösen Begegnungen nichts, was es nicht gibt, und vor allem: Es gibt kein Ende. Nie kann man mit Sicherheit behaupten, dass Schluss sei und man bereits alles erlebt habe. Wie in dem Falle jenes hochbetagten Mannes, der an seinem Geburtstag gefragt wurde, ob er allen Frauen seiner Träume begegnet sei. Er antwortete: »Wie kann ich das jetzt schon wissen? Ich werde doch erst 95!«

Der alte Knabe hat recht! Wie können wir wissen, wer uns erwartet, in wen wir uns verlieben, sei es zum ersten oder wiederholten Male; in welche komischen, verrückten, absurden Situationen wir noch tappen werden? Oder anders ausgedrückt: Wir haben keine Ahnung, zu welchen Menschen, in welche Winkel uns der Zufall noch führen wird – ja, der Zufall!

Denn, seien wir ehrlich, zunächst sind alle Begegnungen von ein und derselben Art: nichts als reine Zufälle. Erst später, nachdem sich die Dinge entwickelt haben, werden die Zufälle als Vorbestimmung, als Schicksal, als zwangsläufiges Ereignis verstanden – was sie mal mehr, mal weniger tatsächlich sind. Doch diese Vorstellungen kommen erst hinterher: Im Anfang herrscht einzig König Zufall; und wer sich abenteuerlustig in sein Reich begibt, muss mit den seltsamsten Überraschungen und den rätselhaftesten Spielzügen rechnen.

Denn im Verwirrspiel der Zufälle kann jedes kleine und noch so unbedeutend scheinende Detail eine tragende Rolle einnehmen sowie das Fehlen von diesem oder jenem ein Loch in die Kette der Ereignisse schlagen. Wenn ich an diesem Abend keine Kopfschmerzen gehabt hätte, dann wäre ich sicher mit den anderen zur Party gegangen, hätte bis um drei in der Frühe Wein getrunken und dummes Zeug geredet. Stattdessen bin ich durch den Park spazieren gegangen, habe auf einer Bank ausgeruht und den Enten auf dem Teich zugeschaut, als plötzlich die Frau in dem grünen Mantel fragte, ob der Platz neben mir noch frei sei …

Ja, wir alle sind die Geschöpfe von Zufällen, ihre Nutznießer, ihre Leidtragenden. Der österreichische Dramatiker Johann Nepomuk Nestroy nahm es mit Humor und schrieb: »Der Zufall muss ein besoffener Kutscher sein – wie der die Leut zusammenführt, einfach stark!«

Die Frage ist nur, wie mächtig der Einfluss des Zufälligen auf unsere Begegnungen tatsächlich ist. Hierzu existieren zwei prinzipielle Ansichten, die erste besagt: Der Zufall entscheidet alles, und unser eigenes Zutun ist nichts als ein Haschen nach Wind!

Eine andere Ansicht besagt das genaue Gegenteil: Wir können unser Leben selbst in die Hand nehmen!

Ich kenne Menschen, die eindeutig der ersten Variante zusprechen. Sie behaupten: »Es kommt immer, wie es kommt!« Menschen dieser Art sind nicht etwa ohne Ansprüche und ohne Träume, im Gegenteil; sie hegen und pflegen ihre Sehnsüchte vielleicht eifersüchtiger als andere: Doch sie ziehen es vor, an der Verwirklichung ihrer Träume nicht aktiv teilzunehmen. Sie überlassen die Entscheidungen in jeder Lebenslage lieber anderen: Verwandten, Freunden, der Familie, den Vorgesetzten, den Behörden oder schlicht und einfach – den Zufällen.

Diese passive Haltung besitzt unleugbare Vorteile.

Wenn etwas schiefgeht, kann man immer behaupten, es sei nicht die eigene Schuld gewesen, und kann sich prächtig mit den Worten herausreden: »Es hat nicht sollen sein.«

Es zeigt aber auch, dass diese Menschen von Anfang an nicht an ein Gelingen geglaubt haben. Für sie ist Enttäuschung der Normalfall, die Standardvariante des Schicksals. Überraschenderweise sind sie trotzdem über jeden Fehlschlag traurig, obwohl sie ihn haben kommen sehen. Und so träumen sie anschließend weiter wie bisher, wie schön es doch wäre, wie erfüllend, wie großartig, in der Nähe eines anderen geliebten Menschen zu sein, wenn sich bloß nicht alle Welt gegen sie verschworen hätte!

Man pflegt diese Art von Menschen Fatalisten zu nennen. Ich gehe sogar noch einen Schritt weiter und nenne sie pessimistische Fatalisten, weil sie immer vom Schlimmsten ausgehen. Sie kommen mir vor wie jener Mann aus einem Witz, den ich vor Jahren gehört habe. Jeden Abend vor dem Schlafengehen betet ein Mann zu Gott, er möge ihm einen Lottogewinn bescheren. Doch seine Beschwörungen bleiben ergebnislos: Jahre, Jahrzehnte verstreichen, ohne dass der Mann in den Genuss des ersehnten Hauptgewinnes gelangt. Obgleich er immer griesgrämiger und trübsinniger wird und im Grunde nicht mehr an den Gewinn glaubt, setzt er seinen Beschwörungsritus allabendlich fort. Noch auf dem Sterbebett wiederholt der Mann seine Bitte. Und da hat der Himmel endlich ein Einsehen: Es ertönt ein Grollen und eine Stimme wird vernehmbar, die spricht: »Mensch, ich will dir ja gerne helfen. Doch bitte sei so gut und gib mir eine Chance! Gib endlich einen Lottoschein ab!«

Das, glaube ich, trifft die Sache auf den Punkt: Viele wollen den Lottogewinn, sprich, die Frau, den Mann fürs Leben, doch vergessen den Lottoschein abzugeben. Am Ende ist das Schicksal schuld. Eigentlich verrückt, nicht wahr? Menschen verzehren sich vor Sehnsucht und Liebesverlangen und unternehmen gleichzeitig nicht das Geringste, um dem Ziel ihrer Träume auch nur einen einzigen Handbreit näher zu kommen. Wie lässt sich das erklären?

Mir fällt dazu eine Geschichte ein, die ich während meines Studiums erlebt habe. Ich hatte damals einen Mitstudenten, Andreas mit Namen, der im Hauptfach Musik studierte. Er war das, was man einen Freak nennt, ein verrückter Kerl, sehr intelligent, sehr sensibel und sehr – eigenwillig. Obgleich er Mitte zwanzig war, hatte er noch nie eine Frau geküsst. Nun hatte er sich unsterblich in eine Mitstudentin verliebt, eine Cellistin, wagte es aber nicht, sich ihr zu erklären. Einmal gab es ein Sommerfest, das ich mit ein paar Freunden besuchen wollte, die mit Andreas' Angebeteten im selben Kurs waren und eine Verabredung mit ihr getroffen hatten. Wir versuchten Andreas davon zu überzeugen, dass dies eine ausgezeichnete Gelegenheit sei, endlich die Dame seines Herzens näher kennenzulernen. Doch er weigerte sich hartnäckig und zog es vor, zuhause zu bleiben.

Also gingen wir ohne ihn zum Sommerfest. Doch plötzlich tauchte Andreas auf, und uns allen stockte der Atem: Was hatte er sich in Schale geworfen, trug den allerletzten Schrei – leider den von 1965! Und so sah er aus: Er trug einen rostfarbenen Pullunder, augenscheinlich aus der Altkleidersammlung, über einem giftgrünen enganliegenden Perlonhemd, das seinen Bauch riesig wie eine Pauke erscheinen ließ. Er machte sich zum Gespött, vor aller Augen, insbesondere vor den Augen seiner Auserwählten, die ihn wie alle Übrigen in einer Mischung aus Amüsement und Befremden musterte. Sie schüttelte den Kopf und lachte. Darauf stürzte Andreas davon. Er rief: »Ich wusste doch, sie würde lachen. Ich wusste es!«

Andreas hat sich mit voller Absicht kostümiert. Mit seinem Mummenschanz hat er es nur darauf angelegt, zu scheitern, weil er aller Welt und sich beweisen wollte, dass er ein Versager war. Aus Angst vor der eigenen Courage inszenierte er lieber freiwillig ein Katastrophendrama in eigener Regie, als einen beherzten Schritt in Richtung der Dame seines Herzens zu wagen. Auf diese Weise hielt er zumindest die Fäden des Schicksals selbst in der Hand; auch wenn es die Fäden der Schlinge waren, die sich um seinen eigenen Hals zog.

Angst vor der eigenen Courage ist indessen ein verbreiteter Grund zum Zaudern und Verzagen; darüber hinaus können auch andere Eigenarten wie Bleigewichte an den Füßen der unglücklich Verliebten wirken und zu seelischem Stillstand führen. Zum

Beispiel eine notorische Entscheidungsunfähigkeit. Viele Menschen können keine Entscheidungen treffen, weil sie im Grunde nicht wissen, was sie wollen:

»Soll ich jetzt ein Eis essen oder eine Wurst? Was ist besser für meine Cholesterinwerte? Ach, nehme ich nun das blaue Kleid mit den Pailletten oder doch lieber die Bluse mit den Rüschen, oder vielleicht ...?«

In der Antike gab es ein schönes Sinnbild für chronische Entscheidungsunfreudigkeit: Ein Esel steht vor zwei gleich großen Heuhaufen und kann sich nicht entschließen, welchen er zuerst fressen soll, weil sie beide so einladend aussehen. Unfähig, eine Entscheidung zu treffen, stirbt das arme Tier am Ende vor Hunger. Komisch, dabei ist es doch so einfach: Ich fresse erst den einen, dann den anderen Heuhaufen! Wo ist das Problem? Oder wie Theodor Fontane einmal sagte: »Wenn ich die Wahl habe zwischen Champagner und Austern, dann pflege ich mich für beides zu entscheiden!«

Vielleicht ist aber die Entscheidungsnot auch bloß eine Form von überhöhtem Anspruch. Wer immer nur die perfekte Lösung sucht, steht am Ende oft mit leeren Händen da. Es ist gut vorstellbar, dass viele Menschen nur deshalb keine Partner haben, weil für sie immer etwas nicht stimmt: Einmal ist die Nase zu groß, ein anderes Mal zu klein. Der eine redet zu wenig, der andere zu viel.

Geradezu amüsant wird es indessen, wenn sich überhöhte Ansprüche mit notorischer Entscheidungsunfreudigkeit paaren. Dann werden aus Menschen die schrulligen Marionetten ihrer eigenen Vorstellungen – es sei denn, der Zufall sorgt für unverhoffte Überraschungen: wie in jener Geschichte, die wir alle aus unseren Kindertagen kennen, *Die Prinzessin auf der Erbse* von Hans Christian Andersen. Hier haben wir den Prototyp eines anspruchsvollen, von seinen eigenen Launen gelangweilten Menschen, dem der Zufall eine Braut von ganz anderem Kaliber beschert. Aber wie geht das Märchen noch mal?

Auf der Suche nach einer standesgemäßen Braut bereist ein Prinz das Land. Doch nirgends kann er eine Frau finden, die seinen Wünschen gerecht wird. Unverrichteter Dinge kehrt er nach Hause zurück und erklärt schulterzuckend den enttäuschten Eltern:

»Wieder war keine Prinzessin dabei.«

Doch dann, eines Abends – es herrscht ein fürchterliches Gewitter – klopft es an die Tür des Königspalastes. Und davor steht, triefend vor Regen, eine blutjunge Dame, die behauptet, eine Prinzessin zu sein! Da ruft die Mutter, die sich in solchen Angelegenheiten auskennt:

»Papperlapapp, was heißt da Prinzessin! Da kann ja jede kommen. Beweise will ich sehen, Beweise!«

Sie beschließt, eine heimliche Probe zu machen, und lässt dazu mehrere Matratzen übereinander stapeln. Ganz zuunterst lässt sie eine Erbse legen, weil sie denkt: »Wenn die junge Dame wirklich wie behauptet eine Prinzessin ist, dann wird sie gewiss morgen früh grün und blau am ganzen Körper erwachen, weil das bei Prinzessinnen, die auf Erbsen schlafen, nun einmal so ist.«

Und in der Tat: Am folgenden Morgen erwacht die Prinzessin grün und blau am ganzen Körper und erbringt damit den Beweis: Der Prinz heiratet sie von der Stelle weg, und alle sind glücklich wie im Märchen.

Nun, unter uns, so kann sich das doch unmöglich zugetragen haben, oder? Ich schlage vor, wir erzählen die Geschichte einmal neu und nehmen an der ein oder anderen Stelle eine klitzekleine Revision vor.

Beginnen wir mit dem Prinzen, einem notorischen Entscheidungsverweigerer. Er reist durch das ganze Land und findet keine Braut. Die eine ist ihm zu mager, die andere zu hässlich. Seien wir ehrlich: Er ist ein ausgemachter Schnösel, verwöhnt, verzärtelt, verzogen; mit reichlich Gel im Haar und mit weichen, sonnenstudiogebräunten Zügen. Seine Stimme ist ein einziger Dauernörgelton. Immer hat er etwas zu mäkeln: Wenn die Sonne scheint, wird gemeckert, dass man schwitzt. Ist der Himmel trüb, wird moniert, dass man nicht braun wird.

Überdies ist unser Prinz ein wahres Monster des Anspruchs! Er akzeptiert nichts unter einer 200 %-Lösung, was bekanntlich der erste Schritt ins sichere Unglück ist. Deshalb ist es auch keine Überraschung, dass er keine Braut findet und in den Schoß von Mama und Papa zurückkehrt, welche natürlich auch für ihren Sprössling nur das Beste wollen, schon aus Standesgründen.

So verstreicht die Zeit. Und ich frage mich, was macht der Prinz tagein, tagaus? Denkt er nach? Wenn ja, worüber? Es wäre ja rein theoretisch möglich, dass er die brautschaulose Phase kreativ nutzt, etwa um die Strategie seiner Partnersuche zu reflektieren, seine Ansprüche zu hinterfragen und gegebenenfalls seine Vorstellungen behutsam der Wirklichkeit anzupassen. Doch dazu kommt es nicht, denn in einer gewittrigen Nacht klopft es an die Palasttür.

Nun ist unser Prinz nicht allein von der Krankheit maßloser Ansprüche befallen, sondern ist überdies auch noch mit gnadenloser Blindheit geschlagen. Da trifft diese junge Dame bei Nacht triefend vor Regen in seinem Palast ein, hat kühn und entschlossen alle Unbilden des Wetters bravourös gemeistert; und nun wäre es doch denkbar, dass der Prinz voller Anerkennung ausriefe:

»Alle Achtung, die Kleine kann was wegstecken! Ob das nicht am Ende die wahre Prinzessin ist?«

Aber nein, darauf kommt er nicht! Blind für den in Nacht und Regen erbrachten Härtetest, zählt für ihn und seinesgleichen in Prinzessinnenangelegenheiten einzig der allein qualifizierende Weichtest.

Betrachten wir nun die Prinzessin. Sie ist weit klüger und gewitzter als der Prinz und seine versierte Frau Mutter. Ich sehe eine junge attraktive Frau vor mir, die genau weiß, was sie will: ein halbes Königreich! Das bekommt man freilich nicht geschenkt. Dafür muss man erfinderisch sein.

Deshalb muss die Hauptfrage des Märchens lauten: Was geschah wirklich in dieser Nacht, wie verlief die Prinzessinnenprobe in Wahrheit?

Vielleicht so: Eine Dienerin führt die vermeintliche Prinzessin auf ihr Gemach. Und diese erstaunt nicht schlecht, als sie einem riesigen Bettmatratzenturm gegenübersteht. Verwundert ruft sie aus: »Was ist denn das?«

Die Dienerin faselt etwas von Bequemlichkeit und grinst – da sie von der Königin zuvor eingeweiht worden ist – herablassend, wie das mitunter Menschen tun, die der Ansicht sind, durch einen zufälligen Informationsvorteil schlauer zu sein als andere. Nachdem sie eine geruhsame Nacht gewünscht hat, entfernt sich die Dienerin. Die Prinzessin nimmt den wunderlichen Turm von allen Seiten in Augenschein und überlegt, was das zu bedeuten haben könnte. Ich bin überzeugt, sie hat den Braten längst gerochen und spricht zu sich: »Das kann doch nicht sein, dass die hier alle so hocherhaben schlafen. Und von wegen Bequemlichkeit – auf einem solchen Schaukelturm zu übernachten, da werde ich ja seekrank!«

Sie begibt sich auf die Suche nach dem, was hier faul ist. Und – sie findet die Erbse! Nun reimt sie sich das Nötige zusammen und denkt: »Gut, wenn sie drauf bestehen, dann will ich so tun als ob.«

Und im Schutz der Nacht, in der schon ganz andere Dinge verschleiert worden sind, fügt sich die Prinzessin heimlich selbst die blauen Flecken zu, um am folgenden Morgen, im Lichte des neuen Tages, den ultimativen Beweis anzutreten. Und siehe da:

Alle umjubeln sie und kein Zweifel regt sich mehr: Sie hat den Test bestanden und ist am Ziel ihrer Wünsche: Sie besitzt ein halbes Königreich! Da fällt es nicht weiter ins Gewicht, dass ihr Gemahl ein ausgemachter Trottel ist.

2
Dem Zufall auf die Sprünge helfen

Nun, so weit wie im Falle unserer gewitzten Prinzessin muss es nicht immer kommen; es sind auch glückliche Beziehungen ohne vorherige Selbstverstümmelungsmaßnahmen möglich. Gleichwohl ist die Moral der Geschichte augenfällig: Die Prinzessin sagt uns, dass mit Erfindungsreichtum, Klugheit und Entschlossenheit jeder Märchenprinz (und natürlich auch jede Märchenprinzessin) gewonnen werden kann. Wir müssen nur wissen, was wir wollen, und dürfen nicht immer so zimperlich sein.

Doch mit dem Wollen ist das so eine Sache. Ich nehme an, dass die meisten Menschen dasselbe wollen, nämlich einem Menschen begegnen, der zu ihnen passt, der sie begeistert, der sie erregt. Sie wollen die Abenteuer des Herzens – vielleicht die letzten Abenteuer, die uns in einer ansonsten völlig durchorganisierten Welt noch geblieben sind – Wirklichkeit werden lassen. Sie wollen die Verwandlungen, die nur die Liebe zu erwirken vermag, am eigenen Leibe spüren. Doch einen Willen, einen Vorsatz zu haben ist eines, ein anderes, dem Willen auch Taten folgen zu lassen; und nicht bloß irgendwelche, sondern möglichst erfolgversprechende.

Von anderen Bereichen unseres Lebens kennen wir dies: Wenn unsere Kehle rau und trocken ist und wir großen Durst verspüren, so hilft der leckerste Kuchen nicht weiter, es nutzt weder ein positiver Kontostand noch ein Doktortitel in Experimentalphysik; es hilft einzig und allein ein großes Glas Wasser! Weswegen mein Großvater zu sagen pflegte: »Junge, du kannst es drehen und wenden, wie du willst: Wenn du richtig Durst hast, gibt es nichts Besseres als Trinken!«

Seltsam nur, dass diese ebenso triviale wie unumstößliche Wahrheit bei weitem nicht so häufig die Anwendung findet, wie man annehmen sollte, sobald wir uns auf die gewundenen Wege des Liebeslebens begeben.

Es gibt Menschen, die nichts sehnlicher wünschen, als einen anderen Menschen kennenzulernen, die aber zugleich die traditionellen Treffpunkte – Cafés, Restaurants, Volksfeste – meiden, wie die Katze das Wasser scheut.

Es gibt solche, die ihre Wohnung tipptopp in Schuss halten, mit allerlei Nettigkeiten ausstatten, in aufopferungsvoller Kleinarbeit von allen Staubkörnern befreien und sich ernsthaft wundern, warum sie trotzdem außer von Mama, Papa und Tante Agnes niemals Besuch erhalten.

Andere geben Tausende von Euro für die neuste Mode aus, um für den lockenden Tanz der Welt gekleidet zu sein, und laufen schließlich doch immer nur in ihren alten Jeans herum.

Wieder andere besuchen Kochkurs um Kochkurs, um im Fall der Fälle mit den köstlichsten Speisen aufwarten zu können, haben aber ihre Künste bislang nirgends sonst als bei Grillabenden mit den Kegelbrüdern zur Anwendung gebracht.

Menschen wie diesen fehlt es indessen nicht an Feingefühl, auch nicht an Herzlichkeit und erst recht nicht an Ideen für die Liebe, sie versäumen es lediglich, an der richtigen Stelle die entsprechende Initiative zu ergreifen. Die Gründe hierfür mögen vielfältig sein: schlechte Erfahrungen, natürliche Trägheit oder die Wunschvorstellung von einer absoluten Liebe, die gleichsam unangekündigt vom Himmel herabfällt.

Viele solcher Vorstellungen ähneln dem Sprichwort vom Berg und vom Propheten, und nicht wenige Menschen sind der Überzeugung, die Liebe müsse zu ihnen kommen eben wie jener Berg zum Propheten und sie bräuchten nichts anderes zu tun, als abzuwarten und Tee zu trinken (oder mit der Zeit stärkere Getränke), bis eines schönen Tages König Zufall sie vermittels einer unglaublichen Begegnung in den Adelsstand der Liebenden erheben wird.

Nun, man kann dieser Auffassung sein, durchaus. Es spricht zunächst nichts dagegen. Man kann sein Leben in beharrlichem Warten auf ein Wunder zubringen. Man könnte aber ebenso gut den Versuch unternehmen, dem Zufall ein wenig auf die Sprünge zu helfen, am besten mithilfe von geschickten Strategien und Kniffen.

Den Gedanken, dass die Liebe eine erlernbare Kunst sei, formulierte zum ersten Mal vor 2000 Jahren der römische Dichter Ovid. Sein Buch *Die Liebeskunst* kann als der erste (und vielleicht auch beste) Liebesratgeber der Weltliteratur gelten – die erste Flirtschule in Versen!

Wie für jedes Handwerk bewährte und gültige Regeln existieren, so der Tenor des Buches, gebe es auch für die Liebe ein Regelwerk: Fertigkeiten, Kunstgriffe und Strategien, deren Befolgung einen Erfolg zwar nicht garantiert, jedoch in greifbare Nähe rückt.

Eine der Grundregeln der ovidschen Liebeskunst besagt: Bevor du anderen die Schuld an deinem Liebesfrust gibst, sieh dich einmal gründlich selbst an! Und er, der wie alle Römer einen ausgeprägt praktischen Sinn besaß, meinte es ganz im wörtlichen Sinne: Wenn Toga und Tunika grau und fadenscheinig vor Dreck nur so starren, wenn wie Pferdeborsten dick Haare aus Nase und Ohren sprießen, wenn die Achseln einen Geruch nach Geißbock verströmen, der Atem wie ein alter Stiefel riecht, dann hilft kein Hadern mit dem Schicksal und auch kein Klagen, sondern einzig eine sanitäre Radikalkur bestehend aus Wasser, Seife, Schere! Der erste und entscheidende Schritt in die richtige Richtung: Waschen statt jammern! Der Rest folgt von alleine.

Ovids Liebesratgeber steckt voller unterhaltsamer Anregungen und Tipps:

Welches ist das beste Verhalten bei Tisch? – »Die Frau sollte nicht zu üppig essen, der Mann nicht zu reichlich trinken!«

Wie zähme ich eine heißblütige Geliebte? – »Niemals mit Gewalt! Mache Komplimente!«

Was soll ich tragen, welche Mode steht mir? – »Meide alles Übertriebene. Lauf nicht herum wie ein Geck, nur weil andere es tun!«

Allen Anregungen und Beobachtungen Ovids liegt eine zentrale Überzeugung zugrunde: Überlasse nicht Wohl und Wehe deines Liebeslebens dem Zufall; nimm dein Leben selbst in die Hand!

Nun, seit der Zeit der Antike hat sich das Antlitz der Welt stark verändert: Wir reisen in Hochgeschwindigkeitszügen und Flugzeugen um den Globus; wir kommunizieren in grenzenloser und bisweilen kostspieliger Freiheit mit Mobiltelefonen; und Computer haben in nahezu allen Lebensbereichen die Organisation unseres Daseins übernommen. Und doch sind wir in Liebesdingen keinen Schritt weiter als Ovid. Wie auch? Welche neuen Wahrheiten könnte es schon geben in einer Angelegenheit, in der die Wiederholungen des Immergleichen das Reizvollste sind?

Gleichwohl lassen sich die neuen Medien nutzbar machen, wenn es gilt, den ersten Kontakt herzustellen. Ich denke nicht allein an Zeitungsannoncen, sondern auch an die Möglichkeiten des Internet. Unzählige Paare haben auf diesem Weg zueinander gefunden und mehr oder weniger lustige Fantasienamen erdacht wie:

Kuschelmaus sucht Brummbär!

Menschen, die per Inserat den ersten Schritt in Richtung auf eine Frau oder einen Mann unternehmen, sind die besten Beispiele dafür, wie einfach es sein kann, selbstständig Initiative zu zeigen und dem Zufall auf die Sprünge zu helfen. Insbesondere die speziellen Anforderungen eines Inserattextes sind eine große Hilfe für Entscheidungsmuffel. Diese werden, wenn sie einen Kurztext über sich verfassen müssen, gezwungen, sich und dem anderen klarzumachen, was genau sie wollen: Die große Liebe samt ewiger Treue; die schnelle für zwischendurch oder die platonische mit Aussicht auf mehr?

Mit dieser Art der Kontaktaufnahme wird auch immer wieder für große oder kleine Überraschungen gesorgt. Ich las jüngst in einer englischen Zeitung von einer jungen Frau, die sich nach sieben Jahren Beziehung von ihrem Freund getrennt hatte. Sie ließ ein halbes Jahr verstreichen und fühlte sich darauf wieder bereit für eine neue Partnerschaft. Sie beschloss, es über eine Online-Partnervermittlung zu versuchen, gab ihr Profil und ihre Wünsche an und wurde in die Kartei aufgenommen. Kurz darauf erhielt sie Post von vielen interessanten Männern, darunter einer, der besonders ihren Vorstellungen entsprach. Sie verabredete ein Treffen mit ihm in ihrem Lieblingspub: Als der Interessent sie mit einem Blumenbouquet begrüßte, konnten beide ihren Augen nicht trauen: Es war niemand anderes als ihr Exfreund. Seither sind die beiden wieder ein Paar!

Nebenbei gesagt lassen sich die Möglichkeiten der Zeitungsannoncen auch für andere Zwecke nutzen. Der englische Autor William Somerset Maugham wusste um die große, insbesondere weibliche Leserschaft von Heiratsinseraten. Als der Verkauf seines Erstlingsromans nur sehr schleppend anlief, griff er zu einer List. Er schaltete in der London Times eine Annonce mit folgendem Text:

»Junger Multimillionär, intelligent, sportlich, gut aussehend und mit einfühlsamem Charakter wünscht ein junges hübsches Mädchen zu heiraten, das in jeder Hinsicht der Heldin des neuen Romans von William Somerset Maugham gleicht.«

Drei Tage nach Erscheinen der Annonce war die Startauflage des Romans vergriffen!

Nun, wie auch immer man es anstellt, den Fuß auf das Parkett des Liebestreibens zu setzen, in jedem Fall hat es mit dem ersten Schritt, der ersten Begegnung noch lange kein Bewenden Es kommt nunmehr, nachdem die ersten Blicke scheu und Hoffnung weckend getauscht worden sind, als Nächstes darauf an, der Augensprache eine verbale folgen zu lassen. Kurz, es muss etwas gesagt werden, am besten etwas Schönes, etwas Geistreiches, etwas Charmantes. Die Frage ist nur: Was und wie?

3

Wie sag ich es nur?

Der Klassiker geht so: Ein Lokal voller Menschen, die plaudern und trinken. An einem Tisch sitzt ein Mann allein beim Bier, an einem anderen Tisch, schräg gegenüber, eine Frau. Längst ist der Herr den Reizen ihres Charmes erlegen und fühlt sich nunmehr in der Stimmung, den nächsten logischen Schritt zu vollziehen.

Mit konzentriert lockeren Schritten bewegt sich der Mann in Richtung auf die Frau. Sie bemerkt sogleich seine Annäherung und die damit verbundene Absicht, tut jedoch erst einmal so, als habe sie nichts bemerkt und schaue nur rein zufällig gerade in seine Richtung. Und da – für den Hauch einer Sekunde – treffen sich ihre Blicke: Er lächelt; sie bleibt kühl. Dann bleibt er kurz vor ihrem Tisch stehen, öffnet die Innenflächen seiner Hände wie die Blätter einer Tulpe und spricht: »Entschuldigung, kennen wir uns nicht?«

Das muss der Klassiker sein! Schon allein, weil unzählige Fernseh- und Kinoaffären so beginnen und das Schema in zahllosen Varianten reproduziert wird.

Früher gab es eine beliebte Alternative, die heute allerdings etwas aus der Mode gekommen ist: Hier übernimmt die Frau die Initiative, nähert sich einem Mann mit einer frischen Zigarette im Mundwinkel und flüstert rau: »Haben Sie Feuer, mein Herr?«

In rauchfreien Zeiten wie unseren ist diese Variante natürlich nicht mehr ernsthaft diskutabel. Aber ist die erste wirklich besser?

Nun, wir sehen: Es ist fürchterlich schwer, mit den ersten Worten ins Schwarze zu treffen. Und doch sind sie von allergrößter Wichtigkeit!

Allerdings welche Worte sind es, die den gewünschten Eindruck machen? Das ist immer abhängig von demjenigen, der sie ausspricht. Wenn ein Jugendlicher sagt: »Eh, ich find dich voll rattenscharf«, so ist dieser Satz weder charmant noch geistreich, aber er passt. Aus dem Munde eines gestandenen Mittfünfzigers wären die Worte eine katastrophale Peinlichkeit.

Ich las jüngst das Ergebnis einer Umfrage, die nach den blödesten Anmachsprüchen fragte. Der dümmste, glaube ich, war dieser:

»Sag mal, ist dein Vater Terrorist, oder warum siehst du so bombig aus?«

Ob er erfolgreich war, hat die Studie leider verschwiegen. Ich kann es mir nicht vorstellen, anderseits, man weiß ja nie …

Was die Wahl der ersten Worte zusätzlich erschwert, ist die Nervosität. Der Mund ist trocken, die Hände feucht und im Kopf geht es zu wie auf dem Rummelplatz. Man kann sich allerlei zurechtlegen, aber im Moment, da es gilt, versagen häufen die Nerven. Oder die schönen Worte klingen exakt nach dem, was sie im Grunde sind: auswendig gelernt und vor dem Badspiegel einstudiert.

Ich bin ein großer Bewunderer von *Die fabelhafte Welt der Amelie*. Der Film erzählt die Geschichte eines fantasiebegabten Mädchens. Auch sie hat Schwierigkeiten, die passenden Worte zu finden. Sie steht dann da, stumm wie ein Fisch und ärgert sich. Hinterher hat sie die besten Einfälle und könnte Reden halten, aber eben erst – hinterher.

Einmal muss Amelie mit ansehen, wie der Lehrling des Gemüsekrämers von seinem Chef gedemütigt wird. Sie wünscht in diesem Moment nichts sehnlicher, als dass es irgendwo einen geheimen Souffleur gäbe, der ihr augenblicklich die passenden Worte eingeben könnte, um den brutalen Chef in die Schranken zu weisen und dem armen Lehrling zu seinem Recht zu verhelfen.

O wie wahr, Amelie! Und wie herrlich wäre es, gäbe es tatsächlich einen solchen geheimen Souffleur, einen Meister der Schlagfertigkeit im Verborgenen; mit einem unerschöpflichen Textbuch für alle Situationen: hieb- und stichfest, treffsicher und brillant!

Einstweilen müssen wir uns selbst behelfen. Doch wir können uns Anregungen holen; beispielsweise bei den Experten der treffenden Worte, den Erfindern von dramatischen Situationen: den Autoren, Filmemachern und Dichtern! Schon von Berufs wegen sind sie dazu verpflichtet, sich immer wieder etwas Gescheites einfallen zu lassen, um ihre Figuren füreinander zu erwärmen und die Handlungen in Gang zu setzen. Zwei Beispiele:

Ich denke an eine Stelle in einem englischen Film, dessen Titel ich leider vergessen habe. Er spielt an der Küste in einem Fischerdorf. Ein junger Lehrer, schüchtern und scheu vom Wesen her, hat sich in eine alleinstehende Witwe verliebt. Eines Tages nimmt er seinen Mut zusammen und stattet ihr einen Besuch auf ihrem Hof ab. Er findet sie draußen auf einer Bank sitzend in stiller Betrachtung der See. Die Sonne ist gerade im Begriff unterzugehen. Der junge Lehrer, in Liebesdingen unerfahren, sagt zaghaft:

»Was siehst du da draußen?«

Zugegeben, der Satz ist alles andere als ein Knüller, wichtiger aber ist die Antwort. Die Frau sagt:

»Ich sehe auf das, was hier allabendlich vor sich geht. Doch nie so schön wie heute.«

Ein schlichter und zugleich vollendeter Satz, denn er offenbart uns das Wesen der Liebe: Sie verwandelt unseren Blick für die Welt und macht aus alltäglichen Dingen Abenteuer des Herzens. Das scheint der junge Lehrer zu begreifen, augenblicklich schöpft er Mut und spürt: Er ist bei der Richtigen. Er wird forscher, was die Frau aufs Höchste zu schätzen weiß. Kurze Zeit später sind sie ein Paar.

Ganz anders geht der russische Autor Anton Tschechow in seiner Erzählung *Die Dame mit dem Hündchen* vor. Es handelt sich um einen Urlaubsflirt an der russischen Schwarzmeerküste, der sich mit der Zeit zu einer leidenschaftlichen Liebe entwickelt. Gurov, ein Moskauer Banker, macht bei der ersten Begegnung einen schlauen Schachzug: Er sucht nicht den direkten Kontakt zu der geheimnisvollen Dame seines Interesses, sondern nimmt einen vermeintlichen Umweg über ihren Schoßhund, einen Spitz. Gurov lockt den Hund zu sich und macht Spielchen mit ihm, bis er knurrt. Das veranlasst die Hundebesitzerin zu den Worten:

»Keine Angst, er beißt nicht.«

Durch diesen Trick hat Gurov die Erstverantwortung für das Kennenlernen delegiert. Da ihm nicht entgangen ist, dass die Dame bei ihren Worten stark errötete, erkennt er, dass er nunmehr siegessicher die üblichen Fragen stellen kann, beispielsweise:

»Sind Sie schon lange hier?«

Prinzipiell, glaube ich, herrschen zwei grundsätzlich unterschiedliche Auffassungen hinsichtlich der ersten Worte. Die einen sagen: »Viel hilft viel!« Die anderen: »Weniger ist mehr!«

Erstgenannte sind der festen Überzeugung, einzig mithilfe einer Armee von Worten siegreich in Feindesland vorstoßen zu können. Sie reden pausenlos und lassen ihrem Gegenüber keine Chance des Einspruchs, bis sie ihn mehr überrumpelt denn überzeugt haben. Hier herrscht gründliches Vertrauen in schiere Quantität: Irgendein Wort, irgendeine Formulierung wird schon ins Schwarze treffen! Schon rein statistisch gesehen!

Die anderen gehen den umgekehrten Weg: »Weniger ist mehr« lautet ihr Motto. Sie sind die Gourmets unter den Flirtenden und benutzen Worte wie ein guter Koch erlesene Gewürze, sparsam und gezielt: eine leicht gepfefferte Formulierung als Entree, als Hauptgang klare Worte in kräftigem Fleischfond und zuletzt, mit Zimt und Kardamom veredelt, kandierte Komplimente.

Überdies wissen die Flirtgourmets um die Macht der Stille und dass eine gut gesetzte Pause durchaus kein betretenes Schweigen sein muss, sondern ganz im Gegenteil mehr sagen kann als Gewehrsalven von Worthülsen.

Gänzlich ohne Worte geht es indessen auch nicht. Allein, es kann sehr charmant sein, wenn nicht alles und jedes laut ausgesprochen wird. Wie bei dem Kennenlernen zwischen dem Chirurgen Tomaš und der Serviererin Teresa in der Filmfassung des Erfolgsromans *Die unerträgliche Leichtigkeit des Seins* von Milan Kundera. Nach einer gelungenen Operation sitzt Tomaš im Café, wo seine zukünftige Frau Teresa bedient, und bestellt einen Cognac. Tomaš spricht das Wort jedoch nicht aus, sondern formt es lediglich stumm mit dem Mund. Teresa erkennt sogleich, was er will, und serviert ihm das Gewünschte als Zeichen ihrer Seelenverwandtschaft.

Probieren Sie es doch einfach selbst einmal aus.

Am besten Sie fangen mit einfachen Worten wie »Kaffee« oder »Tee« an. Versuchen Sie es darauf mit komplizierteren Begriffen, beispielsweise »Umsatzsteuervoranmeldung«. Schreiten Sie dann zu ganzen Sätzen. Wenn Sie schließlich eine vollständige Episode von »Sex and the City« stumm nacherzählt haben und Ihr Gegenüber sie erkennt, dann können Sie todsicher sein, dass Sie die Liebe Ihres Lebens gefunden haben.

4
Acht Orte für ein Rendezvous

Und sagen wir nun, es ist geschehen: Zwei Menschenkinder sind einander begegnet, eine Frau und ein Mann. Sie haben Blicke und erste Worte gewechselt. Und es ist nicht zu übersehen, dass sie aneinander Gefallen gefunden haben, auch wenn ihnen noch nicht klar ist, warum, in welchem Ausmaß und zu welchem Ende. Gleichwohl sind sie fest entschlossen, sich wiederzusehen, neugierig auf die Überraschungen, die der faszinierende Fremde noch in petto haben mag. Sie geben ihren Herzen einen Ruck: Sie vereinbaren ein Rendezvous.

Doch was unternehmen und wo sich treffen? Das Beste wäre, sie vereinbarten etwas, das beide mögen und den Neigungen und Vorstellungen von beiden entspricht. Doch ein gemeinsamer Nenner ist nicht immer leicht zu finden.

Ich erinnere mich an die Treffen mit meiner ersten Freundin. Wir waren beide 11 Jahre alt. Ich wollte ihr etwas Besonderes bieten, nicht einfach zum Spielplatz gehen oder auf den Schulhof am Nachmittag, wie die meisten Mitschüler es taten. Ich kannte eine Pferdekoppel außerhalb des Dorfes. Dorthin führte ich meine Auserwählte, weil ich der Überzeugung war, dass alle Mädchen verrückt nach Pferden sein müssen. So verbrachten wir Stunden auf der Koppel, und ich schwatzte verträumt daher wie:

»Wie schön es doch wäre, einmal selbst ein Pferd zu besitzen oder gar ein Gestüt.«

So ein Zeug eben! Ich tat es ausschließlich für sie, weil ich ihr eine Freude machen wollte; mir selbst waren Pferde damals völlig egal. Das Dumme war nur, dass auch sie sich nichts aus Pferden machte und wiederum der Ansicht war, sie würde mir einen Gefallen tun, weshalb sie die nachmittäglichen Ausflüge tapfer über sich ergehen ließ. Sie muss mich für ein ausgemachtes Weichei gehalten haben …

Nun, dass eine Pferdekoppel nicht der Ort der Wahl für jedermann ist, dürfte nicht weiter überraschen. Doch was ist der geeignete Platz für ein Rendezvous? Und: Gibt es das überhaupt, den idealen Ort zum Kennenlernen?

Das ist in der Tat die Frage, denn egal was man unternimmt, für welchen Ort man sich entscheidet, überall gibt es klare Vorteile und ebenso klare Nachteile; jeder Ort, jede Unternehmung bietet einmalige Chancen und Möglichkeiten, aber auch eigene Sollbruchstellen und Stolpersteine.

Überdies besitzen viele Orte und Unternehmungen ein Eigenleben, das entscheidend auf die Stimmung und den Erfolg des Rendezvous abfärben kann.

Da ist es von Vorteil, sich bereits im Vorhinein mit den besonderen Herausforderungen vertraut zu machen. Ich habe acht mögliche Orte gefunden, die zu den bevorzugten Plätzen für ein Rendezvous zählen.

Treffen bei der Party eines Freundes oder einer Freundin

In diesem Fall haben die Flirtenden eine interessante Entdeckung gemacht: Sie haben gemeinsame Bekannte und legen ihr erstes Date auf die nächst anstehende Party. Der Vorteil liegt klar auf der Hand: Von vorneherein wird dem Rendezvous die übergroße Bedeutung genommen; es bekommt die Aura des Leichten, Selbstverständlichen, Ungezwungenen, weil die beiden sowieso zur Party gegangen wären. Deswegen handelt es sich streng genommen nur um ein halbes Rendezvous. Grund genug, die Sache locker anzugehen.

Wenn sich jedoch trotz dieses Vorteils das Kennenlernen nur äußerst zäh und freudlos entwickelt, wenn es hakt und stockt, dann bietet diese Variante eine einfache Rückzugsmöglichkeit: Es reicht ein einfaches: »Bitte entschuldige mich für einen Augenblick«, und alles ist wieder in Butter: Der Irrtum erkannt, ein neuer Gesprächspartner rasch gefunden und das Date kurzerhand beendet.

Ein großer Nachteil dieser Variante sei gleichwohl nicht verschwiegen: Da das Date unter den Augen von gemeinsamen Bekannten stattfindet, besteht die Gefahr, dass noch die harmloseste Plauderei von den übrigen Anwesenden als etwas angesehen wird, was es in Wahrheit vielleicht gar nicht ist. Und auch für den umgekehrten Fall gilt: Wenn man durchaus Sympathien füreinander entwickelt und sich entscheidet, gemeinsam einen anderen Ort aufzusuchen, weiß es gleich der ganze Bekanntenkreis.

Allerdings, für diejenigen, die es lieben, im Mittelpunkt des Interesses zu stehen, ist diese öffentlichkeitswirksame Variante geradezu unverzichtbar.

Verabredung auf einem Volksfest

Eine beliebte Art des Rendezvous für Unentschlossene und Menschen, die sich ihrer Sache nicht ganz sicher sind. Hier bietet der neutrale Boden große Vorteile: In einer öffentlichen Volksfeststimmung mit Musik und sonstigen Attraktionen wird dem Rendezvouspaar die Hauptlast der Verantwortung von den Schultern genommen, nämlich: sich konzentriert und ausschließlich mit sich selbst zu beschäftigen!

Das Fest bietet, falls gewünscht, reichlich Zerstreuungsmöglichkeiten: die Cowboyband hier, die Zuckerwatte dort, das Riesenrad, die Schießbude. Wer hier nicht reden will oder wem nichts einfällt, der kann einfach die Musik, die Currywurst oder das Bier genießen und abwarten, was geschieht – beispielsweise, wie der andere auf das Fest reagiert.

Meist trennt sich hier bereits nach kurzer Zeit die Spreu vom Weizen. Wenn einem von beiden mit der Zeit der Trubel auf die Nerven geht und der andere sich hingegen prächtig amüsiert, dann sind berechtigte Zweifel angebracht, ob eine gemeinsame Zukunft im Bereich des Wünschenswerten liegt. Wenn jedoch beide, von Rummel und Heiterkeit angesteckt, zünftig in Volksfeststimmung geraten, dann hat sich anschließend jede Grundsatzdiskussion zu Vorlieben und Hobbys der beiden Partner mehr als erübrigt.

Das Café

Dieser Ort der Verabredung ist weniger unternehmungsorientiert. Er rückt das gemeinsame Gespräch ins Zentrum. Wer diese Form des Treffens wählt, der sucht den Dialog und weniger die Ablenkung.

Wichtig ist zunächst die Wahl des Cafés; sie spricht Bände über unseren Charakter. Aber was schlagen wir vor?

Das alternative Eckcafé, von einer engagierten ehemaligen Deutschlehrerin geführt, die trotz mangelnden Zuspruchs einmal in der Woche eine Jazzcombo zum Frühstück engagiert?

Oder das gemütliche Omakaffeehaus mit dem Charme verblichener Zeiten, verstaubt und verträumt, wo der Kaffee noch kein Vermögen kostet?

Oder eines jener Zeitgeist-Supermarktcafés, die

heutzutage die Innenstädte überfluten, wo wir die Wahl unter 200 Kaffeearomen haben und sündhaft süße amerikanische Gebäckstückchen vertilgen können, deren Name in geschriebener Form immer ein wenig an das deutsche Wort »muffig« erinnert?

Oder – verschärfte Variante – wir wählen ein superschickes In-Café, wo sich regelmäßig Prominente aus Film und Fernsehen die Klinke in die Hand geben (zugegeben, das ist streng genommen nur eine Option für München, Hamburg oder Berlin) und wir sogleich in einen erbitterten Anerkennungskampf mit der Bedienung geraten, die, angehende Filmschauspielerin, natürlich Besseres zu tun hat, als sich nach unseren langweiligen Getränkewünschen zu erkundigen.

Doch welche Art des Cafés auch immer wir wählen, in jedem Fall stellt diese Form des Rendezvous unmissverständlich die Unterhaltung in den Vordergrund; das muss man wissen. Wer also kein Freund der vielen Worte ist, wem rasch das Pingpongspiel von Frage und Antwort lästig wird, das blumige, ausschweifende, andeutungsreiche Erzählen von Geschichten und Anekdoten, der sollte vielleicht einer aktiveren Variante den Vorzug geben.

Allgemein ist das Caférendezvous eine relativ unverbindliche Art, über ein gemeinsames Gespräch einigermaßen zeitnah den anderen näher kennenzulernen. Anders als bei einem Dinner – auf das wir noch kommen werden – kann im Falle eines dummen Falles, wenn das Gegenüber durchaus nicht unserem Bild von einer Traumfrau oder einem Traummann entspricht, das Cafédate problemlos von einem Augenblick auf den anderen beendet werden, womöglich bereits nach der ersten Tasse Kaffee, was im Falle eines Espresso schon nach einer Minute sein kann.

Spazieren gehen

Das klassische Rendezvous für romantisch Veranlagte, überdies eine tausendfach bewährte Variante in Romanen und Filmen: ein See im Nachmittagslicht, ein Wald, ein Stadtpark mit Statuen und Kieswegen. Das Rendezvouspaar verabredet sich an einem gut zugänglichen Treffpunkt, einer Parkbank oder einem Denkmal, und geht einfach los. Es wird nicht lange dauern, und die Gedanken, die Gespräche wiegen sich im Rhythmus der Schritte. Hier wird es interessant sein zu sehen, wie lange es braucht, bis beide denselben Takt, dieselbe Geschwindigkeit erreicht haben; oder es vielleicht niemals schaffen.

Der Spaziergang lädt ein zum gemeinsamen Beobachten und Träumen. An der frischen Luft, in der schönen Natur finden die flanierenden Turteltauben allerlei Anlass zum Staunen: Wie friedlich die Wolken über den Himmel ziehen; wie beruhigend das Rascheln des Herbstlaubes; wie schön, die ausgelassen tollenden Hunde zu beobachten! Doch aufgepasst: Zu viel Schwärmerei kann mit der Zeit auf die

Nerven gehen, schließlich handelt es sich um ein Date und nicht um einen Selbsterfahrungskurs in Naturumgebung!

Spannend wird es indessen, wenn die Spaziergänger vom Wetter überrascht werden. Das bietet Gelegenheit, den anderen in einer plötzlichen Entscheidungssituation zu erfahren: Wie reagiert er, wie regiert sie auf Regen, Graupelschauer oder Schneefall? Hier trennt sich in der Regel der Naturbursche vom Vollromantiker. Wer wem mehr zusagt, wird an dieser Stelle sonnenklar.

Sport

Was gibt es Schöneres, als sich über ein gemeinsames Hobby zu finden? Beispielsweise Sport. Gemeinsam die Muskeln spielen lassen, schwitzen, laufen, rennen: Das verbindet! Beliebt sind Spielsportarten für zwei Personen wie Tennis, Badminton oder Squash, aber auch Verabredungen zum Jogging.

In der Sportvariante erhält das Rendezvous Wettkampfcharakter: Zwei treten gegeneinander an und lernen sich darüber kennen, was der andere kann und drauf hat.

Doch was tun, wenn die Kräfte allzu ungleich verteilt sind? Der Mann zu stark, die Frau zu flink ist? Und überhaupt, welche Taktik legt man dem Spiel zugrunde? Lässt einer den anderen freiwillig gewinnen? Oder spielt man gleich ohne Punkte?

Überdies bietet diese Art des Rendezvous einen schönen Vorteil: Wir finden sehr schnell und sehr verlässlich heraus, wer seinen (vielleicht nicht ausschließlich) sportlichen Ehrgeiz über alles andere setzt und wer in der Lage ist, über sich selbst und seine Fehler herzhaft zu lachen. Und wer weiß: Vielleicht ist ja eine schlechte Rückhand der erste Schritt zu einem unverhofften Liebesglück?

Kino

Zwei Stunden im Dunkel eines Kinosaales, Seite an Seite, mit oder ohne Popcorn, Eiscreme oder Flaschenbier. Das Paar, das sich im Kino zum ersten Rendezvous trifft, sucht das gemeinsame Erlebnis; doch hier ist die Erfahrung von passiver Natur: Aktiv sind die bewegten Herzen einzig in ihrer Reaktion auf das Geschehen auf der Kinoleinwand. Und von diesen Reaktionen hängt alles ab! Man erkennt einen Menschen am besten daran, worüber er lacht oder weint!

Deshalb lässt sich bereits im Vorfeld des Kinodates eine klare Vorauslese treffen, je nachdem, wer welchen Film vorschlägt: Beide müssen bloß wissen, was sie wollen! Will sie wirklich die nähere Bekanntschaft eines Menschen machen, der sich freiwillig einen Film mit Oliver Pocher ansieht? Und er, will er wirklich eine Frau an seiner Seite, für die die lange Sissi-Nacht mit allen Folgen der Schicksalsjahre einer

Kaiserin der Inbegriff von Romantik und Liebesglück ist? Eben: Ein bestimmtes Nein zur rechten Zeit bewahrt hier wie überhaupt vor den gröbsten Missverständnissen.

Doch auch für zwei, die sich auf einen Film einigen konnten, der dem Temperament und den Neigungen von beiden entspricht, bieten die Stunden im Kinosaal reichlich Gelegenheit, den anderen relativ einfach kennenzulernen, und zwar anhand der Szenen, über die man in Gelächter ausbricht oder über die bittere Tränen vergossen werden. Lachen gar beide an denselben Stellen, dann ist, ganz ohne Worte, ein großer Schritt in eine gemeinsame Richtung getan.

Sauna

Die Verabredung in einer öffentlichen gemischten Sauna, eventuell samt Höhensonne und Thaimassage, stellt zweifelsohne keine Variante für jedermann da. Nur wer über ein unerschütterliches Selbstbewusstsein mit tief verwurzeltem Glauben an die eigenen Reize ausgestattet ist, entscheidet sich für das Rendezvous der nackten Tatsachen, das keinerlei Versteckspiel erlaubt, zumindest in körperlicher Hinsicht.

Der Vorzug jedoch liegt auf der Hand: Keiner der beiden kauft die Katze im Sack und kann hinterher behaupten, er hätte keine Ahnung gehabt von dem, was da alles so hängt, sich bläht, wölbt, stülpt und so weiter.

Der Nachteil ist allerdings auch sonnenklar: Zu viel Transparenz schadet der Fantasie. Wo alles offen sichtbar ist, gibt es weniger zu träumen.

Restaurant

Wie heißt es so treffend? Liebe geht durch den Magen! Und in der Tat: Die vielleicht am häufigsten gewählte Art der Verabredung ist diejenige zum Essen in einem Restaurant; mithin ist es die zeit- und gesprächsintensivste Form eines Rendezvous. Ähnlich wie im Falle eines Cafédates ist auch hier die Wahl der Gaststätte von Wichtigkeit: Italiener, Grieche, gutbürgerlich? Wohin soll es gehen? Die Wahl sagt viel über den Charakter, doch sei gleichfalls vor Überbewertungen gewarnt: Letztlich kommt es darauf an, dass es beiden herzlich schmeckt und dass das Gespräch mit Esprit und einem Dauerprickeln geführt wird, ob beim Thailänder oder im Schnitzelhaus.

Grundbedingung ist folglich neben einem gesegneten Appetit, dass ausreichend Gesprächsstoff vorhanden ist, um gewappnet zu sein für ein, zwei, vielleicht drei Stunden Flirt. Denn es gilt, peinlichen Pausen vorzubeugen, um nicht dem Gegenüber unfreiwillig Gelegenheit zu geben, das Muster der Tischdecke einer eingehenden Studie zu unterziehen.

Doch woher die Themen nehmen? Hier herrschen zwei unterschiedliche Auffassungen: Zum einen gibt es diejenigen, welche bereits zuhause eine kleine Auswahl an gängigen Tischthemen vorbereitet haben – Fragen der Politik, der Wirtschaft, des Zeitgeistes –, um an den geeigneten Stellen kleine, wohl durchdachte Referate als rhetorische Feuerwerke höchster Güte zu zünden. Andere hingegen ziehen es vor, einfach draufloszuschwatzen: wie der Schnabel gewachsen ist; was gerade in den Sinn geflogen kommt!

Nun, welche Variante für welchen Typus wählbar erscheint, ist freilich eine Frage des jeweiligen Temperamentes, klare Vorzüge wie Nachteile gibt es auf beiden Seiten.

Unerlässlich ist jedoch in jedem Fall eine klare, deutliche Meinung: zum Essen, zum Leben und überhaupt. Denn eines muss jedem klar sein: Beim ersten Rendezvous wird jedes Wort auf die Goldwaage gelegt und exakt erwogen: Halbheiten werden rasch als Mangel an Charakter gedeutet. Und in der Tat: Es gibt nichts Langweiligeres als Menschen, die sich durch nebulöse Vagheiten und dunkle Andeutungen interessant machen wollen, ohne es zu sein.

Darüber hinaus sind Höflichkeit und Zurückhaltung weitere Tugenden zu Beginn des Kennenlernens, um sich nicht gleich bei der ersten Verabredung negativ in Szene zu setzen. Ebenso sollte man bei Diskussionen allgemeiner Art Vorsicht walten lassen, um sich nicht durch klaffende Wissenslücken oder grausame Fehlinformationen ins Abseits zu stellen

(Nein, George Bush ist längst nicht mehr Präsident der Vereinigten Staaten, und Robbie Williams war nie ein Mitglied der Spice Girls).

Um dem vorzubeugen, gab es im 19. Jahrhundert das berühmte Konversationslexikon. Es enthielt zu einer Vielzahl von Themen, die in Gesellschaft gerne diskutiert wurden, leicht verständliche Darstellungen, welche die jungen Damen auswendig lernten, um standesgemäß Konversation betreiben zu können und um den jungen, eventuell heiratswilligen Herren zu signalisieren: Seht her, auch wir können mitreden! Mit anderen Worten: Wir sind eine gute Partie!

Nun, wenn alles gut läuft und das Hin und Her der Worte die Herzen füreinander eingenommen hat, dann sollte es dem jungen Paar am Ende des Dinners nicht weiter schwerfallen, eine Antwort in beider Sinne zu formulieren auf die obligatorisch sich anschließende Frage:

»So, und wohin gehen wir jetzt?«

Acht Orte für ein Rendezvous, acht Mal die unterschiedlichsten Chancen und Sollbruchstellen. Doch vielleicht ist es letzten Endes auch nicht weiter ausschlaggebend, welcher Variante eines Rendezvous wir den Vorzug geben, der wortkargen oder wortreichen, der romantischen, sportlichen oder zünftigen. In jedem Fall steht und fällt alles damit, dass wir uns selbst klar sein müssen, was wir von dem anderen erwarten, was wir selbst zu geben bereit sind und was wir wollen! Den richtigen Partner fürs Leben oder vielleicht nur den richtigen für die nächsten lockeren Stunden?

Ja, was zieht uns am anderen an? Was schmeichelt unserem Geschmack? Wonach muss unser persönlicher Liebeskuchen schmecken? Wie viel von welcher Zutat muss, wie viel kann, wie viel darf es sein? Und: Welche Zutat ist in jedem Falle unverzichtbar?

Berühmte Liebespaare II
Orpheus und Eurydike

Die Geschichte des folgenden legendären Liebespaares stammt aus der Sagenwelt der alten Griechen und beinhaltet alles, was eine packende Story braucht: Liebe, Dramatik, Schicksal! Doch damit nicht genug: Sie beinhaltet überdies ein unerhörtes Ereignis.

Wie geht ihre Geschichte?

Orpheus ist ein umjubelter Dichter, Sänger und Lyraspieler; heute sagen wir: Singer und Songwriter. Sein Gesang, seine Lieder sind das Schönste, was der Welt je zu Ohren gekommen ist. Orpheus vermag es, nicht nur die Menschen, sondern auch die Tiere des Waldes, des Meeres und der Steppen zu berühren, ja, selbst die kalten Felsen und moosigen Wälder weinen bei seinem Gesang. Kein Zweifel: Er ist der Sänger der Sänger, der Superstar der Antike. Und Orpheus hat eine Liebe: die junge und schöne Eurydike. Sie kennen einander erst kurze Zeit, aber sie fühlen beide: Sie sind füreinander bestimmt. Spiel, Gesang und Plaudereien erfüllen ihre Tage; Leidenschaft, Gesang und Tanz ihre Nächte.

Eines viel zu frühen Tages bricht indessen das Unglück über die beiden herein. Es trifft Eurydike als tödlicher Schlangenbiss. Sie stirbt in den Armen ihres Geliebten, dessen Schmerz sich augenblicklich in die traurigsten Liebeslieder verwandelt: »Meine geliebte Eurydike ist tot!«

Er singt Tage und Nächte ohne Unterlass, doch vergebens. Die Geliebte kommt nicht zu ihm zurück. Da fasst er einen unerhörten Entschluss: Er wird sich in das Reich des Todes begeben und seine Eurydike der Schattenwelt entreißen; seine Liebe und sein Gesang sollen den Tod bezwingen!

Er steigt hinab in die Unterwelt, was nie zuvor ein Sterblicher freiwillig tat, und singt seine traurigsten Lieder. Da sind sie alle berührt, alle Götter und Geister des Hades, und gewähren Orpheus seinen Willen. Mithin schaffen sie einen Präzedenzfall: Als erste Sterbliche darf Eurydike zurück in die Welt. Doch unter einer Bedingung: Orpheus muss auf dem Rückweg voranschreiten und darf sich nicht nach ihr umdrehen, sonst ist Eurydike für immer verloren.

So ziehen sie los, Orpheus voran, die Lyra im Arm, Liebeslieder intonierend. Und was dann geschieht, ist eigentlich nicht zu fassen: Er hat es so weit geschafft, hat die mächtigsten Götter bezwungen und dann das: Orpheus dreht sich um!

Wieso nur? Diese Frage hat immer wieder Rätsel aufgegeben. Manche sagen, aus Sorge: Er wolle sich vergewissern, ob seine Geliebte wohlauf sei. Vielleicht will er prüfen, ob Eurydike die Zeit im Reich des Todes schadlos überstanden hat: Wer will schon die Katze im Sack retten? Vielleicht ist Orpheus auch übermütig geworden und fordert die Götter anmaßend erneut heraus.

Wir werden es nie erfahren. Jedenfalls stürzt Eurydike wieder zurück ins Schattenreich; Orpheus blickt ihr nach, bis sie ganz verschwunden ist. Wieder zurück auf der Erde, findet seine Trauer kein Ende. Er hat seine Chance gehabt und vertan: Vorbei ist vorbei!

Und dann beginnt er wieder zu singen, und seine Liebeslieder gehören nur einer einzigen Frau. Jahraus, jahrein singt er nur für Eurydike. Das wird mit der Zeit langweilig und mehr noch: Es zieht ihm den Zorn der Frauen zu, die sich lautstark beschweren: »Sind wir etwa nichts, sind wir nicht auch schön und gut und begehrenswert? Haben wir nicht auch ein Anrecht darauf, dass der größte Sänger unsere Anmut besingt?«

Doch der Sänger stellt sich taub. Das bringt die Frauen um den Verstand. Sie organisieren sich und lauern Orpheus auf einer Waldlichtung auf. Natürlich singt er wieder nur für Eurydike: Das ist endgültig zu viel. Schäumend vor Wut fallen sie über ihn her und reißen ihn in Stücke. Leider ist damit noch immer nicht Ruhe. Nachdem sie sein Haupt in den Fluss geschleudert haben, geht das Singen weiter. Noch als Orpheus' Haupt in den Weiten des Ozeans entschwindet, singt und singt er:

Von Eurydike!

Das gewisse Etwas

1
Was aber schön ist …

Einen ihrer erfolgreichsten Romane – *Stolz und Vorurteil* aus dem Jahre 1813 – beginnt die englische Autorin Jane Austen mit einem mittlerweile legendär gewordenen Satz:

»Es ist eine überall auf der Welt anerkannte Wahrheit, dass ein alleinstehender Mann mit ordentlichem Vermögen nach nichts so sehr Verlangen haben muss wie nach einer Frau.«

Nun, der Grund liegt auf der Hand: Was nutzt uns alles Geld der Welt, wenn nicht eine zarte Seele sich bereit erklärt, den ganzen Zaster gemeinsam mit uns tatkräftig unter die Leute zu bringen!

Und so kommt es im Roman folgerichtig – nach zahlreichen Verwicklungen, nach Intrigen und Missverständnissen – zu einem unausweichlichen Finale: Darcy, der steinreiche Exzentriker, heiratet die pfiffige Elisabeth Bennet; Stolz und Vorurteile auf beiden Seiten werden überwunden; und nein, nicht wie man aufgrund des Eingangssatzes vermuten könnte, durch die schnöden Verführungen des Mammons, sondern durch die verbindende Kraft der Liebe. Beide Helden erliegen dem Zauber des anderen. Darcy übt auf Elisabeth durch seine Rechtschaffenheit eine unwiderstehliche Wirkung aus, und Elisabeth wirkt auf Darcy durch ihren Witz, ihre Tugend und – last but not least – ihre eigenwillige Schönheit! Denn wenn es eine weltweit anerkannte Wahrheit ist, dass ein Mann eine Frau zum Geldausgeben braucht, dann ist es wohl nicht weniger selbstverständlich, dass diese Frau auch schön sein sollte – keine Frage.

Allerdings ist in unseren Tagen Schönheit längst kein ausschließliches Privileg des weiblichen Geschlechts mehr; mittlerweile hat es sich auch unter den männlichen Vertretern unserer Spezies herumgesprochen, dass ein gepflegtes, interessantes Äußeres nicht unbedingt von Nachteil sein muss.

Nein, es kann keinen Zweifel geben: Alle Menschen wollen schön sein für den anderen und durch ihre Attraktivität Punkte sammeln. Denn es ist schlechterdings unübersehbar, dass, wer attraktiv und ansehnlich ist, es leichter mit der Liebe, mit dem Leben, mit den Menschen zu haben scheint. Der Philosoph Arthur Schopenhauer formulierte es einmal so:

»Die Schönheit ist ein offener Empfehlungsbrief, der die Herzen im Voraus für uns gewinnt.«

Und in der Tat: Wer schön ist, kann sich großer Beliebtheit erfreuen. Es scheint, die Tore der Welt ständen weit offen für ihn; er wird bewundert und begehrt; bisweilen mehr, als ihm selber lieb ist, und hin und wieder sogar mit verhängnisvollem Ausgang.

Eine der anmutigsten Frauen der griechischen Antike, die schöne Helena, wurde ihrer überwältigenden Attraktivität wegen von jedem Mann weit und breit geradezu vergöttert (und von allen Frauen entsprechend angefeindet). Sie war mit dem griechischen König Menelaos vermählt, was jedoch den trojanischen Helden Paris nicht davon abhielt, seinerseits um die Gunst der bezaubernden Helena zu buhlen. Diese ließ sich die Avancen nur allzu gerne gefallen, begriff aber, dass auf die Dauer zu dritt kein Staat zu machen war. Sie musste sich entscheiden: Treue oder Abenteuer? Ihrem Zaudern setzte Paris ein beherztes Ende: In einem Anfall wahnhafter Leidenschaft entführte er die Schöne kurzerhand aus dem Palast ihres Gemahls und verschleppte sie – nicht ganz und gar gegen ihren Willen – in seine Heimatstadt. Dieser heißblütige Raub war der Auslöser für den trojanischen Krieg, die größte epische Keilerei aller Zeiten, in der sich die kühnsten Recken zehn Jahre lang gegenseitig die Köpfe blutig schlugen, und das nur wegen der Schönheit einer einzigen Frau, die überdies noch nicht einmal die eigene war!

Oder denken wir an eine andere Schöne des Altertums: Cleopatra. Mit ihrem weiblichen Charme, ihrer legendären Aura verdrehte sie gleich zwei mächtigen Römern den Kopf: Cäsar und Antonius. Dem ersten ist die Liaison ganz gut bekommen, dem zweiten weniger; sie hat ihn Vermögen, politischen Einfluss und schließlich das Leben gekostet.

Wir sehen anhand dieser Geschichten deutlich die

besondere Wirkweise von Schönheit. Der schöne Mensch vermag zu verführen, zu becircen, zu verzaubern (manchmal weiß er selbst nicht, was er tut, doch die angerichteten Verwirrungen bleiben dieselben). Seine Schönheit lässt die Menschen, die in seinen Bannkreis geraten, Dinge tun, die verrückt, riskant oder einfach lächerlich sind. Dabei erzielt die Schönheit ihre Wirkungen einzig aus sich selbst heraus und muss nichts erklären, nichts beweisen und erst recht nicht viele Worte machen. Ein einziger Blick genügt. August Graf von Platen formulierte es so:

»Wer die Schönheit angeschaut mit Augen, (...)
Wird für keinen Dienst auf Erden taugen.«

Unter dem Zauber des Schönen versagt der Verstand, und die Routinen des Lebens gleiten dahin. Doch was sieht denn eigentlich einer, der die Schönheit schaut mit Augen? Sieht er den Menschen, wie er wirklich ist? Und mehr noch: Versteht jeder unter dem Wort »schön« ein und dasselbe?

Dass es ganz offensichtlich nicht so ist, erleben wir allenthalben und alle Tage; wie häufig kommt es vor, dass Freunde oder Bekannte mit dem Hinweis auf eine vermeintlich »schöne« Sache eine Empfehlung aussprechen, sagen wir einen Kinofilm oder ein Restaurant. Und wenn wir ihrem Tipp folgen, sind wir bisweilen bitter enttäuscht und fragen uns, was die ansonsten so zuverlässige Freundin sich bloß dabei gedacht hat, uns allen Ernstes in diesen langweiligen

Schmachtfetzen zu schicken oder in dieses zweifelhafte Restaurant, das noch nicht einmal frische Pilze auf der Pizza serviert!

Und das sind noch die harmlosen Fälle. Richtig unübersichtlich wird es, wenn wir uns auf das Feld der – sagen wir – menschlich-allzu-menschliche Schönheit begeben.

Da spaziert sommertags eine junge attraktive Frau leicht geschürzt entlang eines Straßencafés und zieht augenblicklich die Blicke aller Männer auf sich. Sie weiß durchaus um ihre Wirkung, geizt nicht mit ihren Reizen und zeigt ein wissendes Lächeln. Und während sie an einer Fußgängerampel stehen bleibt, gibt dies einem halben Dutzend männlicher Repräsentanten ausreichend Gelegenheit, ihren ersten Eindruck durch intensive Beobachtungsarbeit zu vertiefen. Alle betrachten dasselbe, und doch sieht jeder etwas anderes:

Ein Rentner blickt von seiner Zeitung auf und wünscht sich um 50 Jahre verjüngt zu sein. Die schlanke Figur, die braune Haut, das Herausfordernde ihrer Haltung rufen Erinnerungen wach an Abenteuer im Heu, an durchtanzte Nächte, als die Dorfkirmes noch kein Rummelplatz war, sondern das Ereignis des Jahres.

Ein Herr im Sakko ist überwältigt von dem plötzlichen Auftauchen einer Schönheit mit Ebenmaß, Stil und Natürlichkeit, was er an dieser lärmenden Straßenecke, wo er nur kurz einen Espresso trinken wollte, niemals erwartet hätte.

Ein weiterer Herr im Sakko runzelt die Stirn und murmelt: »So schön und doch so arrogant, diese blöde Ziege! Warum müssen alle schönen Frauen ihre Schönheit als Waffe benutzen?«

Zwei junge Burschen kommentieren ihre Beobachtungen:

A: Wow, ist das ein Feger!

B: Der absolute Hingucker!

A: Hast du die Augen gesehen?

B: Die Augen? Mann, ich sehe noch ganz andere Sachen …

A: Stell dir vor, wenn die …

Ein Student der Physik, drittes Semester, blickt wehmütig von seiner Formelsammlung auf und weint innerlich Erfahrungen nach, die er nie gemacht hat.

Ja, so geht das: Was wir sehen, ist häufig nichts anderes als das, was wir sehen wollen, und hat mindestens ebenso viel mit unseren eigenen Launen, Befindlichkeiten und Absichten zu tun wie mit dem Aussehen derjenigen Menschen, denen unsere Aufmerksamkeit in einem bestimmten Moment gilt.

Aus diesem Grund fällt es schwer, allgemein zu bestimmen, was Schönheit überhaupt und an sich ist und was genau es ausmacht, das einen Menschen schön und mithin begehrenswert macht.

Trotz der Definitionsschwierigkeiten existieren selbstverständlich diesbezügliche Überlegungen. Eine verbreitete Ansicht hierüber ist die Harmonie-Theorie. Sie besagt, dass ein Mensch dann als schön erscheint, wenn seine Körperproportionen in einem harmonischen Verhältnis zueinander stehen. Die perfekt harmonisierte Schönheit sollte folglich nicht zu dünn und nicht zu dick sein. Was das Gesicht anbelangt, ist absolute Symmetrie der beiden Hälften oberstes Gebot, hinsichtlich der Zähne sind zwei gerade, lückenlose und perlweiße Reihen das Ideal. Die Beine sollten etwa die Hälfte der Länge des gesamten Körpers haben und der Kopf ein Siebtel des Ganzen. Kein einzelnes Körperteil sollte sich besonders hervortun (also keine Glupschaugen, Adlernasen oder Segelfliegerohren!), während glatt und leicht gebräunt die Haut, insbesondere im Gesichtsbereich, eine frische Lebendigkeit ausstrahlen sollte.

Eine dergestalt schöne Person – so die Theorie – wirke automatisch liebenswert. Die Verehrer fallen ihr reihenweise zu Füßen.

Und tatsächlich: Wir erblicken täglich Menschen dieses Zuschnitts, sei es im Alltag oder in den Medien. Vor allem dort hat man längst die Potenziale dieser Spezies für kommerzielle Zwecke entdeckt. Das Ergebnis sind typische Katalogschönheiten in ästhetischem Einheitslook, nett, adrett, dezent, die mit Sonnenscheinlächeln die Produkte ihres Auftraggebers unters Volk jubeln.

Kein Zweifel, Menschen wie diese strahlen eine große Sympathie aus, einen ausgemachten Schurken stellen wir uns anders vor, nicht wahr? Und doch wirken ihre puppenhafte Makellosigkeit, der antiseptische Charme ihrer Erscheinung oft ermüdend; und mit der Zeit wird der Anblick von harmonisch schönen Menschen so aufregend, wie Farbe beim Trocknen zuzusehen. Was nicht weiter überrascht, denn eigentlich suchen wir ja das Außergewöhnliche, das aufregend Andere und nicht die gelackte Oberfläche, so adrett sie auch daherkommen mag!

Ich frage mich, wie wohl Cleopatra ausgesehen hat? Wir besitzen sehr unterschiedliche Darstellungen der ägyptischen Königin, die allesamt nicht viel gemein haben, sodass uns die Abbildungen keine verlässlichen Hinweise geben können. Der römische Autor Cicero beschrieb sie als eine herablassende, anspruchsvolle Frau mit übersteigertem Selbstbewusstsein. Aber das sagt noch nichts über ihr Äußeres. Den Lesern von Asterixheftchen ist bekannt, dass die orientalische Schönheit eine außergewöhnliche Nase besessen haben muss. Aber reicht ein prächtiger Zinken schon aus, um den mächtigen Cäsar zu bezwingen?

Oder anders gefragt: Was ist der eigentliche Zauber der Schönheit, durch den sie ihre verführerischen Wirkungen zur Entfaltung bringt? Irgendetwas muss es wohl geben, denn lediglich schön zu sein reicht nicht aus; ebenso wie die rein dekorative Anwesenheit auf einer Party noch keinen Beitrag zum Gelingen des Abends darstellt. Der österreichische Satiriker Karl Kraus schrieb einmal: »Es gibt Menschen, die sind nicht schön, sondern sehen nur so aus.«

Und in der Tat ist wohl mehr vonnöten, um die Pfeile unserer Reize in das Herz unserer Auserwählten zu schießen, um sie wachzurütteln aus trägem Dämmerschlaf. Doch was könnte das sein?

Vielleicht finden wir die Antwort in einem kurzen Gedicht von Eduard Mörike. Er spricht darin von einer im buchstäblichen Sinne »strahlenden« Schönheit. Doch nicht von einer atemberaubenden Frau oder einem stattlichen Recken ist die Rede, sondern von einem schlichten Gegenstand des Alltags: einer Lampe, an der Decke eines Schlafzimmers montiert. Mörike schildert uns den Leuchter – um genau zu sein, eine Schirmlampe mit farbigen Verzierungen – in vielen Details. Sie ist in der Tat durchaus schön, jedoch nicht prachtvoll wie ein Kronleuchter, sondern eher dezent, sodass sie von den Bewohnern kaum bis gar nicht bewusst wahrgenommen wird. Wissen Sie übrigens genau, welche Deckenlampe in welchem Zimmer Ihres Hauses hängt? Ich für meinen Teil weiß es nicht, und genau diese Art von Unaufmerksamkeit hat Mörike im Sinn. Die Menschen betreten und verlassen den Raum und beachten die Lampe nicht weiter. Trotzdem nennt Mörike sie »ein Kunstgebild der echten Art«. Wieso, was soll daran besonders authentisch sein? Der Dichter gibt eine erstaunliche Antwort: Er sagt, das Äußere der Lampe ist, wiewohl nicht unansehnlich, so doch nicht weiter von Interesse. Was die wahre Schönheit dieses echten Kunstwerks ausmacht, so liegt sie einzig in seinem Inneren und erstrahlt durch den hellen Schein, den die Lampe aus ihrer Mitte verströmen lässt, dem Zentrum ihrer Schönheit. Zuletzt rundet Mörike seine Beschreibung der Lampe mit einem Satz über das Wesen von Schönheit ab, der durchaus nicht auf Deckenbeleuchtungen beschränkt ist. Er lautet:

»Was aber schön ist, selig scheint es in ihm selbst.«

Hier ist die innere Schönheit als Kraftzentrum einer ansprechenden Erscheinung erkannt, nicht die symmetrische Harmonie von Proportionen. Die Formulierung Mörikes erinnert ein wenig an die Vorstellungen von den berühmt-berüchtigten inneren Werten, die immer dann – mehr oder weniger ironisch – als Vorzug einer Person angeführt werden, wenn die äußeren Werte zu wünschen übrig lassen. Doch ich bezweifle, dass es Mörikes Absicht war, die innere Moral gegen die gaukelnden Reize des Scheins auszuspielen. Ich sehe in dem als selig empfundenen, also erfüllten und glücklichen Inneren etwas anderes; ich begreife das Zentrum als den Sitz von etwas Eigenwilligem, höchst Individuellem im Charakter eines Menschen, das von innen nach außen drängt und die gesamte Erscheinung mit seinem Wesen überstrahlt; etwas, das der Volksmund treffend »das gewisse Etwas« nennt.

Ja, man pflegt zu sagen: Dieser oder jener Mensch habe das gewisse Etwas, und wir meinen damit etwas, das über die gewöhnlichen Vorstellungen von Schönheit hinausreicht. Wir können diese Besonderheit, diese Aura praktisch überall entdecken, in der seltsam berührenden Ausstrahlung einer Berühmtheit oder auf dem Antlitz eines Fremden, der nur kurz und zufällig unseren Lebensweg kreuzt. Und immer, wenn wir einem Menschen mit dem gewissen Etwas begegnen, löst dies ein Staunen aus, eine Verwirrung, eine eigenartige Faszination, und wir fragen uns, was genau dies gewisse Etwas sei. Und warum es uns so schwerfällt, unser Staunen, unsere Faszination, unsere Erregung in Worte zu fassen.

2
Rätselhaft

Ja, fast könnte es scheinen, als zerstörten sogar erklärende Worte die Magie des gewissen Etwas. Zu begreifen, was uns ergreift, ist nicht immer ein erstrebenswertes Ziel; häufig ist es auch gar nicht möglich.

Ich war vor Jahren auf einer Party eingeladen, die von drei griechischen Studenten organisiert war. Sie feierten ihren Universitätsabschluss in Deutschland und hatten zu diesem Anlass auf Empfehlung von Landsleuten einen Ehrengast eingeladen, einen – wie es hieß – noch unbekannten Dichter aus Athen, der zufällig in Deutschland war und gerade seinen ersten Poesieband im Privatdruck veröffentlicht hatte. Na ja, dachte ich bei mir, auf die Weise kann jeder ein Dichter sein! Ich war skeptisch. Und nicht nur sein vermeintlicher Nimbus, nein, seine ganze Erscheinung war mir äußerst suspekt: Er war groß und korpulent von Statur und besaß einen riesigen Kopf mit ungewaschenen Haaren. Sein Gesicht zeigte einen verschlossenen Ausdruck, sein Mund war schief, und seine Augen lagen, ohne jeden Glanz, tief in ihren

Höhlen. Er verbreitete den Geruch nach ungelüfteten Zimmern und abgetragenen Kleidern, und sein Atem war schal von Wein und Nikotin.

Zu meiner Überraschung war seine Wirkung auf die übrigen Anwesenden von ganz anderer Natur: Jedermann scharte sich augenblicklich um ihn, obgleich er persönlich niemandem bekannt war; besonders die Damenwelt suchte zielstrebig seine Nähe, lachte, plauderte, flirtete mit ihm, ohne dass der Dichter seine starre, entrückte Haltung aufgab.

Schließlich wurde er gebeten, aus seinem neusten Werk zu lesen. Sogleich wurde die Musik abgestellt. Er zog ein schmales Bändchen aus seiner Sakkotasche und begann zu rezitieren.

Nun erwachten seine Augen zu zwei glühenden Kohlestücken, ein seltsamer Energieschub durchströmte seinen Körper. Er besaß keine gefällige Stimme, sie klang metallisch und rau, fast verzerrt, doch sie hatte einen außergewöhnlichen Rhythmus. Es dauerte keine Minute und alle Zuschauer hingen förmlich an seinen Lippen. Und auch ich war aufs Äußerste begeistert, ja, fasziniert. Ich konnte es nicht länger leugnen: Dieser Mann hatte das gewisse Etwas, und ich hatte und habe bis heute keine Ahnung, was genau es war; ich finde keine Worte für das, was eine solch überwältigende Wirkung unter den Anwesenden und mir erzielt hatte; es ist mir ein Rätsel, das umso größer ist, als der Dichter seinen Vortrag auf Griechisch hielt und ich kein einziges Wort davon verstanden habe!

Indessen sind Fälle wie dieser ungewöhnlich. Das gewisse Etwas kann auch weniger theatralisch in Erscheinung treten. Manchmal genügt ein unverhofftes Lächeln oder eine schlagfertige Antwort, auf die wir selbst niemals gekommen wären. Manchmal ist es die Art, wie jemand ein Glas zum Mund führt oder seine Ansichten zum Thema Damenfußball formuliert.

Allerdings ist es gleichwohl häufig der Fall, dass wir für das, was wir sehen, keine Augen und für das, was wir hören, keine Ohren haben. Und die verschlüsselten Zeichen der anderen prallen an uns ab wie Sonnenschein an einer Regenjacke. Dafür gibt es einleuchtende Gründe: Unsere Aufmerksamkeit ist meist von irgendetwas in Beschlag genommen; die Organisationsmühlen unseres Alltags mahlen unermüdlich; es gibt viel zu erledigen, und der Tag rast dahin. Tausend Dinge beanspruchen unsere Zeit und unsere Aufmerksamkeit, sodass es vorkommen kann, dass wir die berühmten »Tomaten auf den Augen haben« und nicht sehen können, welche außergewöhnlichen Menschen in unserer Nähe sind, welche Möglichkeiten und Chancen sich uns bieten, ohne dass wir es bemerken.

Überhaupt haben wir Menschen ja die Tendenz, das, was wir sehen, stets aus bestimmten Blickwinkeln zu betrachten: Die Fenster unserer Wahrnehmung sind mit den unterschiedlichsten Gardinen und Stores verhängt. Obgleich durchsichtig, verfärben sie nichtsdestoweniger das Aussehen der Dinge und der Menschen, die wir betrachten. Ja, wir sind zahlreichen Beeinflussungen ausgesetzt, die unseren Blick trüben: angefangen bei den Diktaten der aktuellen Mode (insbesondere bei Jugendlichen ein enormer Scheuklappenfaktor) über die Postulate der kanonisierten Schönheit bis hin zu den Filtern von Wissensstand, Erziehung und Bildung.

So verhindern die verhängten Fenster unserer Wahrnehmung allzu häufig, dass wir das gewisse Etwas bei anderen oder auch an uns selbst entdecken, und wir werden blind für die Vielfalt an Überraschungen und Verrücktheiten in unserer nächsten Nähe. Dabei braucht es gar nicht viel, um den Schleier zu lüften.

Der Philosoph Walter Benjamin wurde einmal von einem Freund nach seinem Befinden befragt. Er antwortete, ihm persönlich gehe es hervorragend, lediglich das kranke Aussehen der Marzipanauslagen seiner Lieblingsbäckerei mache ihm zu schaffen. Die beiden Freunde brachen in vergnügliches Gelächter aus! Benjamin hatte sich zuvor in einer Anwandlung von Ausgelassenheit und wissenschaftlicher Neugierde vor ein Bäckereischaufenster gestellt, um einen ausgefallenen empirischen Test zu machen. Die Idee war es, die Konzentration so lange ungeteilt auf eine bestimmte Sache zu lenken, bis diese beginnt, sich unter dem konzentrierten Blick in die seltsamsten Richtungen zu verändern; Benjamin starrte minutenlang auf die Marzipanfiguren, insbesondere die Schweinchen. Und bereits nach kurzer Zeit sah er die abenteuerlichsten Veränderungen (nein, Benjamin war nicht betrunken und hatte auch keine Drogen genommen!), bis zu dem abschließenden Eindruck der kränklichen Gesichtsfarbe der armen Marzipanschweinchen.

Ein eigenwilliger, ja ein verrückt anmutender Test, nicht wahr? Doch er weist uns einen durchaus lohnenswerten Weg, die Dinge der Welt einmal ohne Gardinen und Scheuklappen zu betrachten. Machen Sie doch selbst einmal einen Versuch. Es müssen ja nicht die Marzipanfiguren des Bäckers Ihrer Wahl sein. Werfen Sie einfach einmal einen langen Blick aus Ihrem Fenster auf die Straße oder fixieren Sie einen Baum oder eine altertümliche Straßenlaterne. Richten Sie Ihre Aufmerksamkeit ungeteilt auf diese Dinge, achten Sie auf den Einfall des Lichts, die Schatten; und ich bin überzeugt, Sie werden in kürzester Zeit Details sehen, die Sie nie zuvor gesehen haben, und der Baum, die Laterne, die Straße werden zu abenteuerlichen Erscheinungen.

Genauso können Sie auch verfahren, indem Sie ein Gesicht – sei es das eigene im Spiegel oder auf einem Foto oder das Ihres Partners – lange Zeit betrachten. Je eingehender Sie schauen, desto mehr Unbekanntes und Faszinierendes werden Sie entdecken; Sie werden nach und nach die Gardine Ihrer herkömmlichen Wahrnehmung beiseiteschieben und neue Seiten erschließen. Und dann, da bin ich mir sicher, wird so manches gewisse Etwas in Ihr Bewusstsein treten und Staunen erwecken – ein Staunen, das uns uns selbst und den anderen näher bringt.

Denn ich bin der Überzeugung, dass es das gewisse Etwas an einem Menschen ist, an das wir letztlich unser Herz verlieren. Wir lieben einen Menschen nicht, weil sein Kopf idealtypisch exakt ein Siebtel seiner gesamten Körperlänge beträgt, nicht, weil seine Haut glatt und faltenlos ist. Die vordergründige Schönheit verfliegt und jeder weiß: Auch das grünste Gras wird einmal Heu! Doch das gewisse Etwas wird bleiben, beständiger, bezwingender und verführerischer als der reine zierliche Liebreiz.

Obgleich wir niemals ganz und gar begreifen können, was uns ergreift, setzt diese Unwissenheit unsere Gefühle nicht herab; im Gegenteil, je weniger wir unsere Motivation oder die Beweggründe des anderen verstehen, desto höher schlagen die Wogen unserer Liebesfluten. Wir lichten einfach den Anker und segeln davon: ins Unbekannte, ins Abenteuer, hinaus auf die schaukelnde See, dem offenen Horizont zu, dem lichtdurchflossenen Geheimnis.

Ja, ich glaube, dass ebendies der Angelpunkt des gewissen Etwas ist: Es handelt sich um eine Art von offenem Geheimnis. Der andere, in den ich mich verliebe, erscheint mir als Rätsel, dessen Fremdheit mich jedoch nicht ängstigt und dessen Verschlüsselungen meine Neugierde zum Bersten bringen. Ein Rätsel, das vielleicht nur für mich existieren mag; ein Puzzlestück, das zu dem Puzzle meines eigenen Lebens passt.

Und nun stellt sich die Frage, wie verfahre ich im Laufe der Zeit mit dem Rätsel des anderen, den ich liebe? Lasse ich sein Geheimnis als solches bestehen und erfreue mich weiter unbeirrt dessen, was der andere aus dunklem Grund mir täglich zum Geschenk macht, den Eigensinn, die Marotten, die liebenswerten Überraschungen? Oder unternehme ich den Versuch, durch das Tor des Geheimnisses ins Innere vorzudringen, um Licht ins verschlüsselte Dunkel zu tragen?

Mir fällt dazu eine Geschichte ein, die uns Oscar Wilde erzählte; sie trägt den Titel *Die Sphinx ohne Geheimnis*, eine Geschichte, die mittlerweile durch Rundfunk und Fernsehen in unterschiedlichen Varianten vorliegt. Ich erzähle sie folgendermaßen:

Gerald, ein vermögender Schöngeist Mitte dreißig, sieht auf der Straße eine außergewöhnliche Frau. Sie ist hochgewachsen und schlank; wie von der Hand eines alten Meisters gemalt, erscheint ihr Gesicht mit hellen, kaum geschminkten Augen, hohen Wangenknochen und einem karmesinroten, vollippigen Mund. Gerald spürt, dass etwas Besonderes von dieser Frau ausgeht, ein unnennbares Geheimnis. Als die Schöne nach wenigen Augenblicken wieder im Strom der Menschen verschwindet, verspürt Gerald ein großes Bedauern, dass er sie wahrscheinlich nie wiedersehen wird.

Doch es kommt anders als befürchtet. Auf dem Cocktailempfang eines Freundes trifft er die Frau Monate später wieder. Ihr Name ist Lady Alroy, und sie ist so überwältigend schön und geheimnisvoll wie ehedem. Wenn sie lächelt, erahnt Gerald eine unnennbare Wehmut in ihren Augen; wenn sie nachdenkt, vermeint er eine überraschende Ironie zu entdecken. Nur wenn sie spricht, verschwindet all das. Ihre Stimme ist seltsam tonlos.

Im Laufe des Abends kommen sich die beiden näher; in den nächsten Wochen werden sie ein Paar. Gerald kann sein Liebesglück kaum fassen. Doch mit dem Glück kommen die Zweifel: Lady Alroys Neigung, gemeinsame Ausflüge oder Verabredungen ohne Nennung von Gründen in letzter Minute abzusagen, erregt Geralds Misstrauen und mithin heftige Gefühle von Eifersucht. Er beschließt, ihr nachzuforschen: Er will ihrem Geheimnis auf den Grund gehen!

Eines Tages, als Lady Alroy mit ihrem Wagen in Richtung Stadtrand fährt, folgt er ihr heimlich. Sie parkt den Wagen vor einem dreistöckigen Haus in einem heruntergekommenen Zustand. Im Erdgeschoss befindet sich eine zweifelhafte Videothek. Sie eilt zielstrebig auf den unbeleuchteten Hauseingang zu und öffnet mit einem Schlüssel die Tür. Kurze Zeit später geht im zweiten Stock hinter einer grauen Gardine das Licht an. Gerald ist unschlüssig, was er tun soll. Da entdeckt er ein buntes Seidentuch, das Lady Alroy beim Herausholen des Schlüssels aus der Handtasche gefallen sein muss. Er nimmt es an sich und fährt nach Hause zurück.

Am Abend konfrontiert Gerald sie mit dem verräterischen Tuch; er nennt den Fundort, und sie errötet. Sie bricht in Tränen aus, fleht ihn an:

»Bitte frage nicht und vertraue mir: Es ist nicht so, wie du denkst.«

Doch Gerald schenkt ihren Worten keinen Glauben. Für ihn ist es mit der Geheimnistuerei vorbei! Noch am selben Abend trennt er sich von seiner Geliebten.

Wochen später wird ihm zugetragen, Lady Alroy sei verreist; dann, dass sie schwer erkrankt in eine Spezialklinik eingeliefert worden sei; schließlich hört er von ihrem Tod.

Gerald quälen Gewissensbisse. Die Strenge seines Urteils reut ihn. Auf der Suche nach einer Antwort begibt er sich wieder in das Viertel und betritt die Videothek; er erfährt den Namen der Hausbesitzerin, die im Nachbarhaus wohnt. Er klingelt, und eine alte Frau öffnet die Tür, misstrauisch, fast feindselig.

Gerald berichtet von Lady Alroys Tod. Da huscht ein Ausdruck des Entsetzens über das Gesicht der alten Frau. Sie sagt:

»Deshalb ist sie also nicht mehr gekommen.«

»Sie hatte eine Wohnung hier?«, ruft Gerald.

Die Frau sagt:

»Die hat sie immer noch; sie hat ein Jahr im Voraus die Miete bezahlt.«

Gerald bittet die Frau, einen Blick in die Wohnung werfen zu dürfen. Sie führt ihn durch ein enges, dunkles Treppenhaus in den zweiten Stock und öffnet eine Zweizimmerwohnung, die bis auf einen hohen Lehnstuhl und einen Teetisch vollkommen leer ist. Die Gardinen sind grau, und zwei Fenster gehen auf die Straße.

»Was um alles in der Welt machte sie hier?«, ruft Gerald.

Die Frau sagt:

»Sie kam alle zwei, drei Tage, elegant gekleidet und verbrachte hier ein paar Stunden. Ich habe nie Besuch gesehen.«

»Hat sie nie erklärt, warum sie hierherkommt?«

»Nein, niemals«, antwortet die Frau und bittet Gerald zu gehen.

Eine rätselhafte Geschichte, nicht wahr, mit einem ebenso rätselhaften Ende! Lady Alroy hatte zweifelsohne das gewisse Etwas, doch ihr Geheimnis beruhte offensichtlich nicht auf abenteuerlichen Taten oder einem dunklen Doppelleben, es entsprang den Allüren einer außergewöhnlichen Empfindungswelt. Sie begab sich in die Niederungen einer billigen Absteige, um zu träumen, um auf den Schwingen der Fantasie zu entschwinden – wohin auch immer.

Die Frage ist nun: Hat Gerald grundsätzlich einen Fehler gemacht? Ich meine nicht die pedantische Nachforschung, sondern dass er seinem Drang nachgab, die Besonderheit, die Aura verstehen zu wollen. Denn seien wir ehrlich: Was hätte er gewinnen können? Er war fasziniert von Lady Alroy, sein Leben an ihrer Seite hat ihn in ungeahnte Höhen geführt – war das nicht genug? Hätte er nicht einfach das Geheimnis Geheimnis sein lassen können? Doch er bekam Zweifel, sein Misstrauen wuchs, und sein Kleinmut gewann die Oberhand über sein Gemüt. Denn letztlich war es nichts als ein Mangel an Fantasie, der die Katastrophe herbeiführte. Zwar war Gerald empfindsam genug, das gewisse Etwas der Lady Alroy zu entdecken, doch es fehlte ihm schließlich an Mut und Vertrauen, das Rätsel ungelöst zu lassen.

3
Das Salz in der Suppe

Kürzlich wurde ich unfreiwillig Zeuge eines sehr aufschlussreichen Gesprächs. Sie kennen das: Sie sitzen des Nachmittags in einem Café, einzig um zu entspannen und sich die Zeit zu vertreiben, und werden ganz gegen Ihren Willen gezwungen, von den Menschen am Nachbartisch die intimsten Dinge mit anzuhören. So erging es mir in Schwerin. Da bis zum Beginn meiner Abendshow noch Zeit war, beschloss ich, die freien Stunden in der schönen Innenstadt zuzubringen. Ich entdeckte ein gemütliches Eckcafé und trat, von den Verheißungen der Angebotstafel verführt, ein.

Am Nachbartisch saß ein junges Paar; ich schätzte beide auf Anfang zwanzig. Vor ihnen auf dem Tisch lagen Bankunterlagen und Prospekte, die sie völlig ungezwungen ausbreiteten. Sie tranken bunte Mixgetränke und redeten in einem ruhigen, gefassten, sehr ernsten Ton. Wem der Inhalt ihrer Worte entgangen wäre, der hätte anhand ihres Tonfalls annehmen können, sie diskutierten die Ergebnisse einer wirtschaftswissenschaftlichen Klausur an der Universität, doch das war nicht der Fall. Die junge blonde Frau und ihr – wie ich erfahren konnte – junger Ehemann diskutierten ihre Zukunft. Und das ging so:

»Wenn der Bausparvertrag in sieben Jahren zuteilungsreif wird, dann könnten wir unser Fondsguthaben allmählich, je nach Performance auflösen und ...«

»... dann hätten wir die ersten Raten für den Hauskredit schon aus unseren Rücklagen finanziert und ...«

»... zusammen mit dem Kindergeld für unseren künftigen Jörn ...«

»... oder unsere Sophie ...«

»... oder unsere Sophie, könnten wir dann das Festgeld bei der Sparkasse ...«

Sie sprachen ohne Enthusiasmus und mit erstarrten Mienen, als würden sie nicht ihre gemeinsame Zukunft planen, sondern die Beisetzung von Tante Trude.

Ich bestellte mir einen weiteren Earl Grey und gönnte mir einen gedeckten Apfelkuchen mit Zimt. Sie fuhren fort:

»... außerdem soll es da doch vom Staat eine Steuerfreistellung geben für ...«

»... aber soweit ich weiß, nur für die ersten Jahre ...«

»... das stimmt, aber dann kommen noch die Abschreibungen dazu und ...«

Plötzlich schauten beide überrascht auf die Uhr, packten eilig ihre Sachen, riefen die Bedienung herbei und zahlten. Ich sah ihnen nach und war unschlüssig, was ich denken sollte. Ich schwankte zwischen Bewunderung und Mitleid. Einerseits hatten sie ihr Leben scheinbar gut im Griff, sie waren aufs Beste organisiert und wohlinformiert. Anderseits erweckten sie mein Mitleid, weil es allzu offensichtlich war, dass zwischen den beiden etwas Entscheidendes fehlte – sagen wir es vorsichtig: ein gewisses Temperament, eine Begeisterung für das Leben an der Seite des anderen; jenes feurige Moment, ohne welches die Liebe nur ein Gefühl unter Tausenden wäre: Leidenschaft!

Und in der Tat: Wenn die Liebe eine Suppe wäre, dann müsste die Leidenschaft das Salz in dieser Suppe sein. Bei dem jungen Paar allerdings konnte ich mich des Gedankens nicht erwehren, ihre Leibspeise bestehe hauptsächlich aus lauwarmem Zwiebackbrei!

Eigentlich schade, denn die Leidenschaft ist eine Kraft, die es vermag, uns aus den engen Grenzen unseres Selbst hinauszukatapultieren, in der Liebe wie überhaupt. Leidenschaft ist die Begeisterung des Herzens. Und speziell in der Liebe ist sie das schmackhafte Würzsalz, das eine einfache Mehlsuppe in eine verführerische Gaumenfreude verwandeln kann. Doch wie allgemein mit dem Salz, so gilt auch hier: Vorsicht – allzu viel schadet! Sie kennen den Spruch, den man zu sagen pflegt, wenn im Restaurant die Suppe versalzen ist: »Hier ist wohl der Koch verliebt!«

Wie sehr etwas, das an sich für Farbe und Würze in unserem Leben sorgt, gleichzeitig der Nagel zu unserem Sarg sein kann, davon erzählen zahllose Geschichten: Die Bühnen dieser Welt sind voll von ihnen. Und zwar sowohl die Bühnen der Theater wie diejenigen des Lebens.

Doch unter allen Schauspielen, den leichtsinnigen Komödien, den unfassbaren Possen und rasanten Romanzen, sticht, glaube ich, deutlich eine Geschichte hervor, die als der Inbegriff von dramatischer Leidenschaft gelten kann. Als Oper ist sie seit mehr als einhundert Jahren ein Garant für volle Säle: Carmen. Die Musik stammt von George Bizet. Und der wusste schon, warum er gerade diesen Stoff für sein Musikdrama gewählt hat. Denn es ist kaum eine heißblütigere, leidenschaftlichere und spannendere Geschichte vorstellbar als das Drama zwischen José und Carmen. Die ursprüngliche Geschichte stammt aus der Feder des Franzosen Prosper Mérimée. Er schrieb die Novelle im Jahre 1845, nachdem er längere Zeit Andalusien bereist hatte.

Was für uns heute Orte von Exotik und faszinierender Fremdheit sind – sagen wir, die Karibik, die Südsee, Bali und so weiter –, das war für die Mittel- und Nordeuropäer der damaligen Zeit Spanien; ein wildes Land mit stolzen, fast stummen Männern und feurigen, nicht minder stolzen Frauen.

Die Geschichte Carmens spielt im heißesten Teil von Spanien, in Andalusien, in der Heimat des Flamenco. Carmen ist jung und schön und voller Temperament. Durch ihre Adern – scheint es – fließt kein Blut, sondern glühende Lava. Sie führt ein Leben in atemloser Freiheit, genießt den Rausch von Sonne, Tanz und Liebe: ein Flamenco-Leben! Um dieses zu finanzieren, geht sie alles andere als zimperlich vor: Sie ist Mitglied in einer üblen Schmugglerbande, nimmt jeden x-beliebigen Job an und zögert nicht einen Moment, für einen Vorteil oder eine Mahlzeit die Reize ihres Körpers zum Einsatz zu bringen. Doch ganz gleich, Carmen weiß, was sie will und wofür sie lebt!

Als sie einmal in einer Zigarrenfabrik arbeitet, gerät sie mit einer Kollegin in Streit. Diese rechnet nicht mit Carmens Temperament. Schnell hat der Heißsporn der anderen das Gesicht zerschnitten, und ebenso schnell ist die Polizei auf dem Plan, um sie in Gewahrsam zu nehmen. Carmen wird von einem jungen Polizisten zum Revier gebracht, José, der augenblicklich ihrer Faszination erliegt und kaum begreifen kann, was er tut: Er lässt sie entkommen! Er setzt für die unbekannte Schöne, die sich nicht gerade als Dame eingeführt hat, seinen Beruf und seine Lebenschancen aufs Spiel. Und tatsächlich: Er wird in Haft gesetzt.

Kurz vor seiner Entlassung erhält er ein Präsent von einem unbekannten Gönner: Es ist ein Brot. Als er es bricht, stößt er auf etwas Hartes, eine Feile, die er jedoch nicht zum Einsatz bringt. Wieder auf freiem Fuß, begegnet er Carmen erneut. Sie offenbart sich als edle Spenderin. Er sagt:

»Ich habe die Feile nicht benutzt, weil ich nur noch wenige Tage in Haft vor mir hatte.«

Carmen antwortet: »Jeder Tag im Gefängnis ist ein Tag zu viel.«

Sie gewährt José fürs Erste Unterschlupf in ihrem Hause, und er lernt nun die schönen, die bezaubernden Seiten ihres Temperaments kennen. Sie verlieben sich und schweben im siebten Himmel. Es ist eine Zeit fast außerhalb aller Zeit, die nur den Gesetzen der Leidenschaft, der Verführung und des Genießens folgt. Doch José muss erkennen, dass Carmen unter Liebe nicht dasselbe versteht wie er: Im Haus ihres Herzens gibt es viele Zimmer.

Als José eines Tages seine Liebste beim Tête-à-Tête mit einem anderen überrascht, verliert er die Kontrolle über sich und ersticht den Buhlen. Nun ist sein Leben endgültig verwirkt. Da er nichts mehr zu verlieren hat, tritt er Carmens Schmugglerbande bei. Und es geschieht noch etwas: Er verfällt mehr und mehr seiner Geliebten. Sein ganzes Dasein hängt nur noch an Carmen. War er zuvor ein selbstbewusster, feinsinniger Bursche, so hat die Leidenschaft einen Vasallen aus ihm gemacht. Carmen indessen führt ihr Leben weiterhin nach ihren eigenen Gesetzen.

Ihre Leidenschaft ist nicht an eine bestimmte Person gebunden; ja, sie ist im Grunde nichts anderes als der Ausdruck einer überschäumenden Daseinsfreude: Leidenschaft und Freiheit, das ist für Carmen ein und dasselbe.

José ist anders. Seine Leidenschaft ist kein Hitzeflimmern im andalusischen Sommer zu den Klängen der Kastagnetten. Seine Leidenschaft gilt einzig und allein der Frau, die er liebt. Deshalb ist er Carmen auf Gedeih und Verderb ausgeliefert: Seine Leidenschaft ist sein Gefängnis.

Beide Formen können auf Dauer nicht nebeneinander bestehen, und es entsteht das, was wir das dramatische Dilemma schlechthin nennen können: José kann nicht mit Carmen, er kann auch nicht ohne sie leben. Es muss eine ultimative Entscheidung getroffen werden!

Und nun könnte José einen klaren Schlussstrich ziehen und Carmen verlassen, er könnte nach Amerika oder Australien auswandern und ein neues Leben beginnen. Doch das ist ihm unmöglich. Seine letztendliche Entscheidung ist wie seine Liebe ein Zuviel an Leidenschaft: Er tötet die Frau seines Lebens, um dem Drama seines Lebens ein Ende zu bereiten. Er stellt sich der Polizei und wird hingerichtet.

Mit diesem tödlichen Ende folgt der Autor Mérimée dem Sittenkodex des 19. Jahrhunderts. Es war gerade eben noch erlaubt, eine solche Liebesgeschichte öffentlich zu machen, doch ein Happy End hätte gegen alle guten Sitten verstoßen: So viel Freiheit, so viel Feuer, das musste mit dem Tod bestraft werden!

Wir heute sehen das nicht mehr so sittenstreng. Doch das Dilemma bleibt bestehen: Dasselbe, was Schwung und Energie in unser Leben trägt, kann uns gleichzeitig um Kopf und Kragen bringen; es sei denn, man meistert es, die rechte Dosis zu finden! Wie sagte schon der berühmte Renaissance-Arzt Paracelsus: »Dosis sola facit venenum« (»Einzig die Dosis macht das Gift«). Paracelsus war der Überzeugung, dass in allem und jedem ein Quäntchen Gift verborgen sei; doch ob dieses tatsächlich eine verderbliche Wirkung entfaltet, ist einzig eine Frage der Dosierung. Ein Satz, der bis heute Gültigkeit besitzt: Vitamine und Mineralien beispielsweise sind in einer bestimmten Menge für den Körper von Nutzen, im Übermaß aber höchst schädlich. Und so geht es mit allem: mit Wein und Bier, Cannelloni in Sahnesauce, Sport und Sex – nicht die Sache, die Dosis macht das Gift!

Was nun die Leidenschaft anbelangt, so ist zu wenig sicherlich nicht gut – da wir sonst vor Langeweile wie Primeln vertrocknen –, zu viel ist aber auch nicht gut – da wir wie Kometen verglühen könnten!

Liegt demzufolge die Wahrheit in der goldenen Mitte? Das ist gut möglich, bloß bleibt in diesem Fall zu fragen, wo diese Mitte für uns ist. Denn leider (oder glücklicherweise, je nach Standpunkt) existiert kein verbindlicher Mittelwert, keine Empfehlung einer Deutschen Gesellschaft für leidenschaftliche Früherziehung. Was für den einen eine gesunde Mischung von Leidenschaft und Sicherheit ist, bedeutet für einen anderen vielleicht ein Leben in freudlosem Trott ohne Höhepunkte.

So läuft wohl alles darauf hinaus, dass jeder von

uns sein persönliches Maß der Leidenschaft selbst herausfindet: auf der kurvenreichen Bahn des Lebens, hin und her gerissen zwischen Gefühl und Verstand, Exzess und Abstinenz, Wahnwitz und Nüchternheit. Denn wie heißt es so schön? Probieren geht über studieren!

Probe aufs Exempel

Und ein ganz außerordentliches Beispiel, wie man auf raffinierte Weise die Probe aufs Exempel der Leidenschaft machen und wie man sein persönliches Maß finden und praktizieren kann, gibt uns Giovanni Boccaccio in seinem Decamerone, jener berühmten Sammlung von amourösen Geschichten, von der wir bereits im ersten Teil unseres Buches gehört haben.

In einer dieser Erzählungen geht es um einen jungen Schmied, Masetto mit Namen, der seine Arbeit verliert. In dem Dorf, in dem er wohnt, kann er auf keine neue Anstellung hoffen. Er hört aber, dass es in einem Nonnenkloster in der Nähe für einen tatkräftigen Mann Verwendung geben könnte. Man erzählt sich überdies, dass dort eine freigebige Äbtissin mit neun jungen Ordensschwestern lebe. Masetto denkt sich, dass es sehr angenehm und sehr reizvoll sein müsste, dort eine Anstellung zu erhalten. Da er jedoch befürchtet, dass man ihn aufgrund seiner jugendlich männlichen Erscheinung ablehnen könnte, ersinnt er eine List:

»Wenn ich mich taubstumm stelle, so nimmt man mich vielleicht aus Mitleid.«

Er begibt sich in ärmlicher Kleidung zum Kloster und findet den alten Kastellan im Hof. In Gebärdensprache, nach Art der Taubstummen, bittet er um Speis und Trank und gibt zu verstehen, dass er als Gegenleistung Holz hacken könnte. Der Kastellan akzeptiert den Handel und weist auf einen Berg Holz, den Masetto, ein kraftstrotzender Bursche, in kürzester Zeit in handliche Scheite zerhackt. Noch am selben Tag wird die Äbtissin auf den kräftigen Burschen aufmerksam und erkundigt sich bei dem Kastellan, wer er sei.

»Es ist ein armer Taubstummer«, antwortet der Kastellan, »ich habe ihn verpflegt und ihn dafür notwendige Arbeit verrichten lassen. Wenn er in allen Verrichtungen so fleißig, stark und ausdauernd ist, so glaube ich, wir möchten gut mit ihm bedient sein. Außerdem könnte man mit ihm machen, was man will, ohne Sorge zu haben, dass er mit Euren jungen Nonnen die Zeit vertändelt.«

»Du hast recht«, sagt die Äbtissin. »Prüfe weiter, ob er zur Arbeit taugt, und gib dir Mühe, ihn hier zu behalten.«

Der Kastellan verspricht es, und Masetto, der nicht weit von ihnen den Hof kehrt, hört die ganze Unterredung mit an und denkt:

»Ich will euch gern zu Diensten sein.«

Er arbeitet nun täglich im Kloster; und kaum dass die Nonnen den Neuankömmling wahrgenommen haben, beginnen sie Scherze mit ihm zu treiben. In der Annahme, dass er kein Wort verstehe, necken sie ihn mit derben Worten und ruchlosen Sprüchen. Und das alles unter den

Augen der Äbtissin, die ihre Nonnen bedenkenlos gewähren lässt, da sie vermutet, Masetto fehle es nicht allein an Sprache, sondern auch an Verstand.

Einmal, als Masetto sich zur Erholung ins Gras gelegt hat, nahen zwei Nonnen. Und weil er sich schlafend stellt, fangen sie an, ihn schamlos von oben bis unten zu betrachten.

»Weißt du was«, sagt die eine, »ich hätte Lust, mit diesem Burschen eine Probe zu machen. Viele der Frauen im Dorf höre ich von den himmlischen Wonnen schwärmen, die der Mann uns Frauen schenken kann. Nun wüsste ich doch zu gerne, was es damit auf sich hat. Was sagst du: Bist du dabei?«

»Herrjemine, was, wenn die Sache ruchbar wird?«, ruft die andere.

»Wie denn, Dummchen? Solange wir uns nicht verplappern, wird niemand etwas erfahren. Der Stumme wird wohl kaum etwas verraten.«

»Aber wir haben doch ein Keuschheitsgelübde abgelegt.«

»Papperlapapp«, entgegnet die erste, »es werden täglich so viele Gelübde und Schwüre gebrochen, da kommt es auf eines mehr oder weniger auch nicht mehr an.«

Masetto hört ihre Verabredung, und da beide Nonnen recht ansehnlich sind, hat er den besten Willen zu gehorchen. Da stürmt schon die erste Nonne entschlossen auf ihn zu und drängt ihn zielstrebig in den Geräteschuppen hinein, wo Masetto pflichtbewusst – und nicht ganz uneigennützig – jeden Wunsch erfüllt. Nachdem er das Verlangen der einen befriedigt hat, räumt diese ihrer Schwester den Platz, und Masetto stellt auch sie zufrieden, immer schön die Rolle des Taubstummen spielend.

Die jungen Nonnen lassen es allerdings nicht mit diesem ersten Stelldichein bewenden und setzen von nun an ihre Leibesübungen regelmäßig fort.

Dass sich unterdessen das Treiben der zwei Nonnen in dem kleinen Kloster nicht lange geheim halten lässt, versteht sich von selbst. Doch die anderen Betschwestern denken gar nicht daran, die Sache auffliegen zu lassen, sondern stürzen sich nun auch ihrerseits, ermutigt vom Beispiel ihrer Schwestern, leidenschaftlich in das Liebesgetümmel, bis zuletzt die Äbtissin die einzige ist, die von nichts etwas weiß.

Als diese einmal im Garten gegen Abend spazieren geht, findet sie Masetto, den die Liebesübungen weit mehr als die Arbeiten im Kloster erschöpft haben, unter einem Mandelbaum liegen. Der Wind hat ihm die Kleider zur Seite geweht, sodass die Äbtissin nie gesehene Einblicke gewahrt, welche in ihr sogleich dieselben Begierden entfachen wie bei ihren Nonnen zuvor. Atemlos rüttelt sie den Schläfer wach, nimmt ihn mit in ihre Zelle und lässt ihn viele Tage nicht wieder heraus – ganz zum Verdruss der Nonnen, die jetzt ein großes Klagegeschrei anstimmen!

Einstweilen überlässt sich die Äbtissin ungehemmt den wildesten Vergnügungen. Weil sie Masetto jedoch wieder und wieder rufen lässt, wird es dem Guten bald zu viel. Er begreift, dass es bei aller Freude auf Dauer doch unmöglich ist, so viele Frauen gleichzeitig zu beglücken. Die Hauptschuld an seiner elenden Lage sieht er in seiner vorgetäuschten Taubstummheit und beschließt, sein Schweigen zu brechen. Als er eines Abends wieder bei der Äbtissin liegt, sagt er mit gebrochener Stimme:

»O Madonna, man pflegt zu sagen, ein einziger Hahn reiche aus für zehn Hühner, aber zehn Männer kaum für ein einziges Weib! Und nun ich? Wie soll ich das länger aushalten, da ich hier neunen zu dienen habe? Ich bitte euch, nein, ich flehe euch an: Haltet Maß, ich kann nicht mehr!«

Als die Äbtissin den vermeintlich Taubstummen sprechen hört, ist sie aufs Höchste erstaunt.

»Was ist geschehen?«, ruft sie. »Ich dachte, du wärest stumm?«

»Das war ich auch«, erwidert Masetto, »aber nicht von Natur. Ich habe meine Sprache wieder, dem Himmel sei Dank!«

Die Äbtissin glaubt seinen Worten und fragt, was genau er damit meine, dass er neunen zu dienen habe. Masetto bekennt alles, und die Äbtissin muss erkennen, dass die Nonnen in ihrem Kloster nicht weniger verschlagen sind als sie selbst. Sie fasst schließlich den klugen Entschluss, sich mit ihnen und mit Masetto zu arrangieren.

So werden die Aufgaben des rüstigen Burschen auf ein akzeptables Maß reduziert, indem die Nonnen freiwillig Teile der schweren Garten- und Hausarbeit übernehmen, um ihn für die Hauptpflichten zu schonen. Auf diese Weise zeugt Masetto im Laufe der Jahre so manch kleinen Mönch und lebt im Kloster mit seiner stetig wachsenden Familie glücklich wie im Paradies.

Paarweisen

1
Nach dem Happy End

Ist Ihnen auch schon aufgefallen, dass nahezu alle Liebesromanzen in Romanen und Filmen mit der Hochzeit der Liebenden enden – oder einem langen Kuss, einer innigen Umarmung im Vorfeld der Hochzeit – und nie erzählt wird, was danach kommt? Wir verlassen die Turteltauben, die zuvor in 90 Minuten Film oder auf 350 Buchseiten auf der Achterbahn der Liebe manch Looping gemeistert, manch fiese Intrige enttarnt, manch unverzeihliche Verfehlung verziehen haben, stets in einem Moment trauter Zweisamkeit: Die Geigen schluchzen, goldschimmernde Sonnenstrahlen ergießen sich über die Gesichter, und dann – folgt der Abspann oder im Buch die Verlagsreklame mit Buchhinweisen.

Schluss und aus, Applaus! Und keiner erzählt, wie es weitergeht. Ich denke nicht an die pikanten Details der bevorstehenden Hochzeitsnacht; nein, ich meine die Legion von Tagen und Nächten, die folgen, die 50 000 Stunden zu zweit (später zu dritt, zu viert, zu fünft, Schwiegermutter inklusive); die Stunden im

Unterholz des Alltags, im Dickicht von Haushaltsorganisation und Lebensplanung. Das erzählen die Autoren nicht. Oder wenn, dann in einem anderen Genre. Denn das das Happy End krönende Eheleben scheint weniger Stoff für Liebesdichter und Romanzenschreiber zu bieten als vielmehr für Satiriker oder Tragödiendichter. Ist das weiter verwunderlich?

Selbstverständlich nicht, wenn wir uns an Ambrose Bierce und seinen satirischen Ausspruch erinnern, dem wir Titel und Leitsatz unseres Buches verdanken: »Liebe ist eine besondere Form von Geisteskrankheit, die jedoch durch Heirat vollständig geheilt werden kann.«

Demzufolge wäre die Ehe eine Art von Therapie, deren Heilkunst darin besteht, unsere verworrenen Hochgefühle, die Hitze unserer Gefühle gezielt durch medizinische Beruhigungsmaßnahmen, durch kalte Bäder und bittere Pillen auf den Boden der Tatsachen zurückzubringen; so lange, bis die Grillen der Verliebtheit ein für alle Mal ausgetrieben sind und die Patienten ihren einstigen Wahn erkennen. Dann tritt endlich jene Epoche ihren Siegeszug an, welche unsere Großeltern uns immer ehrfürchtig und streng als den »Ernst des Lebens« angekündigt haben.

Indessen frage ich mich, ob es tatsächlich unausweichlich zu dieser ehelichen Rosskur kommen muss. Bedeutet der Bund fürs Leben immer das Ende von Leidenschaft und Euphorie? Tatsächlich trifft man nicht selten auf Paare, die diese Vermutung nahelegen. Man kann sie sehr gut auf Volksfesten beobachten: an Biertischen, eine Currywurst auf karierter Papiertischdecke vor sich und lethargisch in ein Gespräch vertieft, das gar nicht stattfindet; während dumpf und muffig im Hintergrund ein gut gelaunter Alleinunterhalter *Rosamunde* stets einen Viertel- bis Halbton zu tief anstimmt.

Ich betrachte die Gesichter der Paare an den Biertischen; oft blicken sie nervös und missmutig umher, fixieren vermeintliche Bekannte, die sich als Verwechslung herausstellen. Fortwährend sind sie mit kleinen Verrichtungen beschäftigt, denen sie mit einer Ernsthaftigkeit nachgehen, als handle es sich um Staatsaktionen: Ein Taschentuch wird aus der Handtasche gekramt; die Brille mit einem Brillenputztuch geputzt; der Stadtplan faltenakkurat zusammengelegt.

Und wenn sie einmal das Wort an ihren Partner richten, dann oft mit einer anklagenden, vorwurfsvollen Miene. Bisweilen will mir scheinen, manche Vermählte tragen ihre Ehe wie eine Buße, unentwegt stumm dieselbe Frage wälzend: »Gut, wenn das meine Strafe ist, was habe ich verbrochen?«

Zu viel blauäugige Hoffnung vielleicht, zu viel Leichtsinn? Etwas gewollt zu haben, was nicht zu haben ist? Schon der Philosoph Georg Wilhelm Friedrich Hegel konstatierte: »Leidenschaftliche Liebe und Ehe ist zweierlei.«

Trübe Aussichten demnach für Frischverliebte mit Heiratsplänen, oder? Doch sieht die Wahrheit wirklich so drastisch aus? Liegen im Hafen der Ehe wirklich nur lecke alte Fregatten und manövrierunfähige Schaluppen vor Anker, während auf hoher stürmischer See die prächtigen Schoner gen Java und Sumatra segeln?

Meine Antwort lautet: Nein, durchaus nicht! Der Wahnsinn nimmt lediglich andere Formen an!

Denn was vor der Trauung im rosigen Licht der Verzückung erstrahlte, wechselt nun allzu häufig unter den Sparflammenlichtern der Ehe seine Erscheinungsfarbe, changierend zwischen Feldgrau und Giftgrün.

Wenn zuvor die Unpünktlichkeit der Dame die Sehnsucht und das Verlangen des Herrn bis zum Wahnsinn schürten, so bringen ihn jetzt ihre verbummelten Viertelstündchen und Halbestündchen zur Raserei.

Sein Hobby, das Internet, wird nicht mehr als liebenswerte Schrulle eines interessierten Menschen gedeutet, sondern als vergeudete Zeit, die der Herr des Hauses besser mit notwendigen Reparaturarbeiten zugebracht hätte.

Ihr Faible fürs Kuchenbacken ist plötzlich kein bewundernswertes Talent mehr, sondern der letzte Beweis für ein hausbackenes, mütterliches Gemüt (»Du wirst mehr und mehr wie deine Mutter« – »Und du wie dein Vater« – »Lass meinen Vater aus dem Spiel!«).

Auf dieselbe Weise wird sein Mangel an Ordnungssinn nicht mehr wie zuvor als Zeichen für geistige Unabhängigkeit, sondern als Ausdruck für nicht nur körperliche Trägheit gewertet.

Ja, mit den Ehejahren nimmt vieles ab: der Zauber und der Reiz des Neuen, die Neugierde auf das ehemals unbekannte Terrain, das wir nunmehr auch in seinen weniger schmeichelhaften Details kennengelernt haben.

Anderes hingegen nimmt zu: Bauch, Beine, Po zum Beispiel. Und nicht nur das: Selbst die Größenerscheinungen der Tiere, die als Kosenamen für die Liebsten herhalten müssen, zeigen gleichfalls eine eindeutige Tendenz zur Vergrößerung: So mutiert das anfängliche »Mäuslein« im Laufe der Zeit zunächst zur »Gans« und schließlich zur »Kuh«. Und auch im anderen Fall ist der Weg vom »Bärchen« über den »Affen« zum »Hornochsen« nicht weit.

Und so kommt es unvermeidlich immer häufiger und heftiger zu Meinungsverschiedenheiten und lautstarken Auseinandersetzungen über alles und nichts. Getreu dem Motto: Wir streiten, also sind wir ein Paar!

Ja, alle streiten und zetern, und der Themen und Zankäpfel ist kein Ende. Das berühmteste Beispiel von zänkischen Ehepartnern ist wohl das griechische Paar Sokrates und Xanthippe. Legendär sind die Wutausbrüche der beherzten Dame, welche von keinem Skrupel, ihren Philosophen-Gatten vor den Augen seiner Freunde, ja, nach Möglichkeit vor der ganzen Stadt zu entblößen, gemildert wurden. Sie klagte und schimpfte unausgesetzt:

»Was läuft dieser Kerl den ganzen Tag durch die Stadt und belästigt die Leute mit seinen albernen Fragen: ›Sage mir, was ist Wahrheit, was ist Recht, was ist Liebe?‹ Immer will er etwas wissen, nur von seiner eigenen Frau will er nichts mehr wissen. Und ich frage mich, warum er immerzu behauptet ›Ich weiß, dass ich nichts weiß‹. Glaubt er vielleicht, es ist ein Vergnügen für eine Frau, wenn ihr Mann sich ständig vor aller Welt seiner Dummheit und Einfalt brüstet? Und dann seine ständigen Gelage, die er philosophische Unterhaltungen nennt – dass ich nicht lache! Tief in der Nacht torkelt er sturzbetrunken nach Hause, nicht anders als jeder andere Trunkenbold der Stadt auch. Und wenn er darauf reglos neben mir im Bette liegt, schnarchend wie ein Walross und stinkend wie ein feuchter Keller, dann sehe ich nichts von seiner angeblichen Weisheit, für die ihn seine Schüler und Freunde so überschwänglich rühmen.«

Sokrates pflegte auf die Worte Xanthippes mit philosophischem Pragmatismus zu reagieren:

»Mit einer solchen Kratzbürste von Frau zu leben, bringt manchen Vorteil«, sagte er. »Denn wer es mit diesem Weib aufzunehmen vermag, den kann so rasch nichts mehr aus der Bahn werfen: kein wildes Tier, kein Krieg und keine Räuberbande! Ja, mein zänkisches Weib ist mir eine unverzichtbare Hilfe, um mich für die Härte des Lebens zu rüsten.«

Allerdings müssen wir Xanthippe zugutehalten, dass sie es in der Tat mit dem philosophischen Haldodri Sokrates alles andere als leicht hatte. Er brachte kaum Geld in die Haushaltskasse und kümmerte sich wenig um die Erziehung der Kinder. Da ist es nur allzu verständlich, dass sie einmal in einem Zornesausbruch den gesamten Inhalt des Nachttopfes über dem Haupt des Philosophen vergoss!

Nun, was glauben Sie, sagt uns diese deftige Geschichte? Sind die Streitigkeiten zwischen Sokrates und Xanthippe die Ausnahme oder sind sie die Regel? Gehört der Hader in die Ehe wie das Amen in die Kirche oder wütet er wie der Hecht im Karpfenteich?

Der große Philosoph der Aufklärung, Georg Christoph Lichtenberg, der neben einem analytisch scharfen Verstand auch über ein heiter satirisches Gemüt verfügte, formulierte es einmal so:

»Eine Ehe ohne Würze kleiner Misshelligkeiten wäre fast so was wie ein Gedicht ohne R.«

Ein Gedicht ohne R? Ein seltsamer Vergleich. Was will er uns sagen? Lichtenberg behauptet, dass eine Ehe, in der nicht hin und wieder die Fetzen fliegen, einen ähnlichen Stellenwert habe wie ein Gedicht ohne den Buchstaben R. Aber welches Gedicht meint er? Irgendein Gedicht? Ich glaube schon. Also können wir die Probe auf den Sinngehalt seiner Aussage anhand von jedem beliebigen lyrischen Werk machen. Tun wir das. Auf der nächsten Seite ist der Beginn eines bekannten Gedichtes im Original:

Herbsttag
Von Rainer Maria Rilke

Herr: es ist Zeit. Der Sommer war sehr groß.
Leg deinen Schatten auf die Sonnenuhren,
und auf den Fluren lass die Winde los.

Und nun folgt das Gedicht ohne den Buchstaben R:

Hebsttag
Von Aine Maia Ilke

He: es ist Zeit. De Somme wa seh goß.
Leg deinen Schatten auf die Sonnenuhen,
und auf den Fluen lass die Winde los.

Ah, jetzt fällt der Groschen! Und tatsächlich, wir können Lichtenberg nur beipflichten: Ein solches Gedicht von Aine Maia Ilke ist nichts als barer Unsinn, ebenso unsinnig wie eine Ehe ohne Zank und Zeter wäre. Was umgekehrt bedeutet: Streiten wir getrost weiter mit unseren besseren Hälften, seien wir munter: Zu viel Friede und Harmonie wäre wider die Natur!

Dass Streitsucht unter Vermählten ein ewiges und stets aktuelles Thema ist, das hat auch längst die Wissenschaft erkannt, insbesondere die Medizin und die Psychologie. Es existieren etliche Studien zu den Wechselwirkungen von Ehestreit und Krankheitsbildern. In nahezu allen Untersuchungen gelangten die Wissenschaftler zu dem Ergebnis, dass Streithähne wie -hennen häufiger an Herzleiden erkranken als duldsame Naturen und dementsprechend früher das Zeitliche segnen (was wiederum zur Folge hat, dass mit Verschwinden des Krankheitsfaktors für den Hinterbliebenen eine deutliche Verbesserung des Gesundheitszustands einhergeht, auch bekannt unter dem »Lustige-Witwe-Effekt«).

Psychologen bieten mittlerweile im Rahmen von Paartherapien eigene Streitseminare an, in denen die Kunst des gezielten Zankes geübt und verfeinert werden kann. Die meisten teilnehmenden Ehepaare erklären ihre Ehe nach mindestens dreijähriger Übungspraxis für glücklicher als zuvor. Ungeklärt blieb allerdings, ob beide Partner unter einer glücklichen Ehe dasselbe verstehen; was zu erörtern wiederum ausreichend Stoff für weiteren glückspendenden Ehehader liefern dürfte.

Zu äußerst überraschenden Ergebnissen kommen ferner statistische Erhebungen im Zusammenhang mit der wissenschaftlichen Aufarbeitung des Themas. Gefragt nach den häufigsten Gründen für Streitigkeiten in einer Ehe, gaben die Befragten erstaunliche Antworten, denen zufolge sich zwei Drittel aller Auseinandersetzungen an einfachen Fragen der Alltagsorganisation sowie Koordination von Freizeitaktivitäten entzünden. Nur rund 20% der Misshelligkeiten resultieren aus Diskussionen ums liebe Geld, fast ebenso viele aus weltanschaulichen Differenzen.

Und lediglich 15 % handeln von Eifersucht oder sexuellen Problemen. Die Befragten der Untersuchungen hatten jeweils die Chance zu Mehrfachantworten: So ist es durchaus möglich, als überzeugte Atheisten in Fragen der Abfallentsorgung regelmäßig aneinanderzugeraten und gleichzeitig ein erfülltes Sexualleben zu führen. Wie es leider auch möglich ist, hochverschuldet bei durchhängender Libido den Termin des Elternabends zu verpassen.

Doch das Erstaunliche dieser Statistiken ist, dass der meiste Hader auf Alltäglichkeiten zurückzuführen ist. Doch ist das wirklich so überraschend?

Seien wir ehrlich: Was geht uns mehr auf die Nerven, dass der Partner einer anderen Partei die Stimme gibt oder dass er ständig die Zahnpastatube offen lässt?

Man könnte leicht zu der Annahme verleitet werden, die Probleme des Alltags seien trivial verglichen mit den großen Themen der Menschheit wie Freiheit, Gerechtigkeit und so weiter. Doch da sehen wir uns bitter getäuscht. Im Reich der Bagatellen und Banalitäten ist alles und jedes von allergrößter Bedeutung, und an den unscheinbarsten Details entflammen bisweilen die heftigsten Streitigkeiten.

Ja, im Hafen der Ehe liegt nicht nur friedlich die edle Fregatte neben ihrem rüstigen Schoner vor Anker, sondern es kreuzen auch allerlei Kriegsschiffe. Und wenn die schießen, schießen sie scharf.

Im Kleinkrieg der Bagatellen gibt es kein Pardon und keine Zugeständnisse, und jeder noch so kleine

Triumph wird hart erkämpft und bleibt doch zuletzt nur von kurzer Dauer.

Ende der Zwanzigerjahre des vergangenen Jahrhunderts schrieb der Berliner Autor Kurt Tucholsky eine Satire über den Banalitätenwahnsinn in deutschen Haushalten. Ich kenne bis heute keine treffendere Darstellung eines vollkommen überflüssigen Wortgefechtes: *Ein Ehepaar erzählt einen Witz*. Eigentlich ist es keine Geschichte, sondern ein Sketch für den mündlichen Vortrag. Ich habe ihn schon häufig vor Publikum gespielt, und er hat seine Wirkung nie verfehlt; es gab immer Lacher über Lacher, aber auch bisweilen leicht zerknirschte Mienen …

Der Clou des Sketches beruht auf einer alltäglichen Situation: Ein Ehepaar hat ein anderes Ehepaar zu sich nach Hause eingeladen. Da man sich noch nicht sehr gut kennt, ist man noch beim »Sie«. Als irgendwann einmal die Unterhaltung ins Stocken gerät, unternimmt die Gastgeberin zur Rettung der Situation und zur allgemeinen Erheiterung das, was alle Welt in solchen Fällen zu tun pflegt: Sie erzählt einen Witz. So weit, so gut, doch die gute Dame hat nicht mit der regen Beteiligung ihres Gatten gerechnet, der auch das eine oder andere Wort mitreden möchte; stets weiß er ein unbedeutendes Detail vermeintlich besser als sie und reißt nach und nach den Witz an sich, obgleich er offensichtlich auch nicht recht weiß, wie es weitergeht.

Das Ganze endet damit, dass sich die Partner nur noch anbrüllen und die Pointe des Witzes schuldig bleiben. Das Erstaunliche an diesem Sketch ist, dass er auf vielfältige Weise funktioniert, man kann Namen und Orte beliebig austauschen, ja man kann sogar an beliebiger Stelle den Vortrag abbrechen, ohne dass die Wirkung dadurch eingeschränkt wird.

Hier ist der Beginn meiner aktuellen Bühnenfassung:

Sie:
Also, ich habe da neulich einen Witz gehört, der war so gut, den muss ich Ihnen mal erzählen, einfach herrlich. Mein Mann kannte ihn schon, aber egal. Also: Da geht ein Wanderer durch die Dolomiten und …

Er:
Durch die Alpen, meine Liebe, durch die Alpen …

Sie:
Bist du sicher?

Er:
Ganz sicher: Es waren die Alpen und …

Sie:
Aber das ist doch eigentlich egal und für den Witz unerheblich …

Er:
Gut, wenn du meinst, dass es keinen Unterschied macht, ob einer durch die Alpen geht oder durch die

Dolomiten, dann ist es ja auch egal, ob wir nächstes Jahr nach Mallorca oder nach Usedom fahren …

Sie:
Also meinetwegen: Es waren die Alpen. Also da geht der Mann durch die ALPEN! Und es ist bereits dunkel, da sieht er ein Licht und er geht gerade auf das Licht zu …

Er:
Das Licht ist doch völlig unerheblich! Es kommt …

Sie:
Lass mal! Das gehört dazu! … Also, der Wanderer geht auf das Licht, das heißt auf die beleuchtete Hütte zu. Und da wohnen ein Bauer und eine Bauersfrau. Der Bauer ist alt, und sie ist jung und hübsch. Die liegen schon im Bett. Nein, die liegen noch nicht im Bett …

Er:
Ich muss schon sagen, meine Liebe, wenn ich nicht wüsste, was du erzählen willst, ich hätte keinen blassen Schimmer, wovon du sprichst. (Zu den Gästen gewandt) Sie müssen wissen, meine Frau kann einfach keine Witze erzählen …

Sie:
Das ist doch ein starkes Stück, was willst du damit sagen …

Er:

Krieg dich wieder ein und lass mich mal. (Zu den Gästen gewandt) Ich werde Ihnen das mal erzählen ... Also, ein Mann wandert durch die Dolomiten und verirrt sich. Da kommt er – ach, was sage ich! Das ist ja alles ganz falsch: So geht der Witz gar nicht! Meine Frau hat ihn falsch angefangen ...

Sie:

Mein Mann hat ihn nur nicht behalten können, weil er nie Witze behalten kann, und deshalb macht er sich jetzt was zurecht ...

Er:

Der Witz ist wirklich anders. Und zwar so: In den Dolomiten, ja, da wohnt ein alter Bauer mit seiner jungen Frau. Und die haben gar nichts mehr zu essen ...

Sie:

Falsch! Woher willst du wissen, dass sie nichts mehr zu essen haben ...

Er:

Also wirklich, allmählich platzt mir der Kragen, das ist es doch gerade, dass ...

Und so weiter und so weiter.

2

Sieg der Vernunft über die Leidenschaft?

Ewiges Gezeter, enttäuschte Erwartungen, Banalitätenwahnsinn! Ist das die Bestandsaufnahme einer modernen Ehe? Ist keine glücklichere Variante denkbar? Kommt darauf an, was man unter Glück versteht. Der englische Dichter Samuel Taylor Coleridge hatte diesbezüglich eine ganz pragmatische Vorstellung. Er sagte: »Die glücklichste Ehe, die ich mir vorstellen kann, wäre die Verbindung zwischen einem tauben Mann und einer blinden Frau.«

Ob das ein Trost ist? Vielleicht müssen wir die Frage auf eine andere Weise stellen: Könnte es sein, dass die Ehe in der Zwickmühle der Überforderung steckt? Ist es möglich, dass dasjenige, was wir erwarten, durch den Tausch der Eheringe gar nicht erfüllt werden kann?

Es gibt nicht wenige, welche dieser Überzeugung sind. Sie behaupten: Eine Gemeinschaft wie die Ehe sollte nicht auf einem so launischen, flüchtigen und unberechenbaren Gefühl wie der Liebe gründen. Die

Vermählung zweier Personen, die beschlossen haben, gemeinsam den Weg durchs Leben anzutreten, dürfe schlechterdings niemals auf den tönernen Füßen der Leidenschaften stehen, welche uns nach Belieben bald in diese, bald in jene Richtung verführen. Nein, ein Bund für die Ewigkeit könne einzig auf der Basis eines vernünftigen und verbindlichen Vertragswerkes Aussicht auf Erfolg haben.

Und in der Tat gab es viele Jahrhunderte lang fast ausschließlich diese eine Form der Gemeinschaft: die Vernunftehe (in einigen Teilen der Erde herrscht sie noch heute). Die Heirat aus Liebesgründen ist eine Erfindung des 19. Jahrhunderts, voller romantischer Gefühle und Ideale und von dem Glauben beseelt, dass zwei, die einander von Herzen zugetan sind, auch die Herausforderungen des Alltags zu meistern imstande sind.

Die Vernunftehe sieht indessen anders aus: Sie ist dem Wesen nach eine wirtschaftliche Zweckgemeinschaft; ein Handel zwischen zwei Personen, häufig auch eine Abmachung zweier Familien oder Dynastien, der zu beiderseitigem Nutzen führen soll; vergleichbar einem Kuh- oder Ochsenhandel, einem Grundstückserwerb oder einer Unternehmensfusion.

Einen weiteren Grundsatz einer Vernunftehe definierte der Philosoph Immanuel Kant im 18. Jahrhundert in einem Standardwerk zur bürgerlichen Moral:

»Die Ehe ist ein Vertrag zum wechselseitigen und ausschließlichen Gebrauch der Geschlechtsteile zwischen Mann und Frau.«

Und der erfolgreiche Gebrauch der Geschlechtsorgane diente keinem anderen Zweck als der Zeugung von legitimen Rechtsnachfolgern, um etwaigen Erbstreitigkeiten durch die Ansprüche außerehelich gezeugter Kinder zu begegnen. Das war – kühl und nüchtern – der ganze Zweck einer ehelichen Verbindung.

Es ist nicht unwichtig hinzuzufügen, dass es sich bei dieser auf Nützlichkeitsüberlegungen gründenden Ehegemeinschaft nicht um eine Zwangsehe handelte; diese ist zwar auch ein reines Vertragswerk, kommt aber in der Regel gegen den ausdrücklichen Willen der beiden Partner zustande und stellt somit eine Verletzung ihres Persönlichkeitsrechtes dar.

Nun, wie müssen wir uns eine klassische Vernunftehe vorstellen? Als einen Ort der Trostlosigkeit und der Gefühlskälte? Nicht unbedingt: Da in einem Ehevertrag alle das Zusammenleben betreffenden Punkte geregelt waren, herrschte über Rechte und Pflichten der Ehepartner weitgehendes Einvernehmen: Höhe und Art der finanziellen Ansprüche sowie Beischlafzeiten und Beischlaffrequenz – eine saubere Angelegenheit: klare Worte, klare Verhältnisse!

Weit häufiger, als wir heute vielleicht annehmen, herrschten damals Respekt und Wertschätzung für den Vertragspartner, nicht unähnlich dem Verhältnis, das zwischen Geschäftsfreunden herrscht, die als Team an gemeinsamen Zielen arbeiten.

Die Vernunftehe gewährte überdies nach Absprache den beiden Partnern diverse amouröse Freiheiten. Beide waren legitimiert, in einem gewissen Umfang Liebschaften zu unterhalten und ihre Leidenschaften auf der freien Wildbahn nach Gusto auszuleben.

Nicht selten kam es sogar ganz anders als zunächst vermutet, und im Laufe der Zeit entwickelte sich eine aufrichtige Zuneigung und Liebe zwischen den Vertragspartnern, als wären sie von Beginn an füreinander bestimmt gewesen.

Kurz und gut, die Vernunftehe bot ein Höchstmaß an Freiheit und Klarheit mit Aussicht auf mehr; und wenn es einmal wegen eines Seitensprungs oder eines neuen sündhaft teuren Kleides zu Gezeter und Gekeife kam, konnte man allzeit mit Hinweis auf den Vertragstext argumentieren:

»Hier steht es schwarz auf weiß: Ich habe Anspruch auf drei Liebhaber und jeden Monat ein neues Kleid!«

Also, was sagt uns das, zurück zur Vernunftehe? Nun, bei allen augenscheinlichen Vorteilen glaube ich nicht, dass diese Form der Gemeinschaft alle Diskussionen zum Schweigen bringt. Denn im Falle der Vernunftehe wie der Liebesehe gilt dasselbe Gesetz: Jede Gemeinschaft ist immer nur so gut wie diejenigen, die sie gestalten, und es kommt stets darauf an, was wir aus dem, was wir haben, machen: einen Ort der Trostlosigkeit oder der Heiterkeit.

Erich Kästner brachte es einmal wunderbar auf den Punkt. Er schrieb:

»Es gibt nichts Gutes, außer man tut es.«

Die meisten Dinge sind – wie überhaupt die Welt – weder gut noch schlecht, sondern werden einzig durch uns zu etwas Gutem oder Schlechtem gemacht.

Laut Statistik wird in Deutschland jeder zweite Bund fürs Leben geschieden. Für viele ist dies ein eindeutiges Argument gegen die Institution; sie behaupten: »Die Ehe ist schlecht, weil sie keinen Bestand hat!« Eine Scheidungsrate von rund 50 % besagt aber im Umkehrschluss auch, dass jede zweite Gemeinschaft bestehen bleibt, und die Verteidiger der Institution sagen: »Die Ehe ist gut, weil sie Bestand hat.«

Und was lernen wir daraus? Nichts Neues, fürchte ich: Die Ehe kann gut oder schlecht sein, je nachdem.

Heinrich Heine sagte einmal: »In uns selbst liegen die Sterne unseres Glücks.« Und das bedeutet: Auch die Sterne unseres Liebesglückes liegen in uns selbst. Zu Beginn einer Liaison liegt es ja auch in unserer Hand, dem Zufall auf die Sprünge zu helfen und das Pendel des Schicksals in unsere Richtung ausschlagen zu lassen. Warum sollte es in einer Ehe (oder einer langjährigen Partnerschaft ohne Trauschein) anders sein?

Bloß müssen wir, wenn sich ein Liebesverhältnis in die Länge zieht, besondere Umstände bedenken und sollten insbesondere die Wirkungskraft eines ganz bestimmten Faktors nicht unterschätzen: die Zeit! Sie, heißt es, heilt alle Wunden, doch die meisten hat sie selbst uns zugefügt. Und selbst wenn es wahr ist, dass die Zeit eine gute Heilerin ist, eine gute Kosmetikerin ist sie nicht!

Überdies nagen nicht bloß die Zähne der Zeit an uns, sondern das gefräßige Untier hat weitere hungrige Nager im Gefolge: Trägheit, Achtlosigkeit und die Macht von Gewohnheiten.

Und dann, was ist dann? Dann leben streng genommen zwei Fremde Seite an Seite, die ihre Fremdheit bloß nicht mehr wahrnehmen, weil sie seit langem schon die verwandelte, die verwunschene Gestalt für die Urgestalt halten.

Dann wird es höchste Zeit, sich wieder neu auf das Abenteuer der Liebe zu stürzen und mithin die Torheiten und den Leichtsinn der Gefühle gemeinsam neu zu entdecken.

Vielleicht so wie in der folgenden Geschichte:

An einem sonnigen Sonntagnachmittag werden dem Chef der Polizei einer südfranzösischen Kleinstadt zwei Herrschaften in deutlich vorgerücktem Alter vorgeführt: ein Mann und eine Frau, die man im Unterholz des Stadtparks in flagranti erwischt hat, als sie in inniger und lautstarker Beschäftigung mit sich selbst öffentliches Ärgernis erregten.

Der Polizist nimmt ihre Personalien auf und traut seinen Augen nicht: Die beiden sind ein Ehepaar!

»Was haben Sie sich nur dabei gedacht«, fragt er und fügt mit einem Augenaufschlag hinzu, »und noch dazu in Ihrem Alter!«

Dem Mann ist die Sache äußerst peinlich; er findet vor Verlegenheit keine Worte; stattdessen nimmt sich seine Gattin ein Herz und erzählt die Geschichte.

»Wir betreiben seit vielen Jahren einen Laden in Paris, stammen aber beide von hier. Wir haben Jahre der Entbehrungen auf uns genommen, um das Geschäft zu einem einigermaßen florierenden Handel aufzubauen. Darüber sind wir alt geworden.

Nun war es schon immer mein Traum gewesen, eines Tages in unsere alte Heimat zurückzukehren, um wieder die Gefühle von damals zu erleben, als wir jung und frisch verliebt waren.

Und heute Nachmittag war es so weit: Wir kamen mit dem Zug aus Paris und begaben uns sogleich in denselben Park, in dem wir früher unsere Rendezvous vereinbart hatten. Und plötzlich ist alles wieder da: der Duft des Sommers, der Gräser, der Büsche; die Sommerbrise, die Leichtigkeit der Jugend und auch die frühen Gefühle, die Tiefe unserer Blicke und schließlich – dasselbe jugendliche Verlangen.

Wir konnten nicht länger widerstehen! Wir stürzten uns wie damals ins Unterholz und umarmten das Leben.«

Am Abend fährt das alte Ehepaar wieder mit dem Zug zurück nach Paris, bereichert um die Erkenntnis, dass es nie zu spät ist, Trott und Alltag den Kampf anzusagen. Denn eines ist ganz sicher: Wo ein Wille ist, ist immer auch ein Gebüsch!

3
Jedem Tierchen sein Pläsierchen

Kürzlich konnte ich eine wirkliche Kuriosität erleben, was in Herzensangelegenheiten alles möglich ist.

Ich unternehme regelmäßig Läufe im Wald, weniger vom Ehrgeiz erfüllt, beim nächsten Marathonlauf auf dem Siegertreppchen mit dem Zweit- und Drittplatzierten eine Flasche Schampus über die begeisterten Zuschauerreihen zu verspritzen, als vielmehr um der Fitness willen, weil es guttut und weil ich es schätzen gelernt habe, beim Laufen meine Gedanken des Tages zu rekapitulieren. Ich stimme vollends dem Philosophen Friedrich Nietzsche zu, der einmal schrieb: »Misstraue jedem Gedanken, der nicht in Bewegung entstanden ist.« (Was eine Erklärung dafür wäre, warum so viele politische »Sitzungen« zu keinen brauchbaren Ergebnissen führen.)

Kurz und gut, ich hatte gerade das erste Stück auf meiner üblichen Laufstrecke zurückgelegt, als es ausgiebig zu regnen begann. Zum Glück befand ich mich nicht weit von einer verfallenen Jagdhütte, die mir einen Unterstand gewähren würde.

Als ich dort anlangte, war ich nicht der einzige, den das Unwetter überrascht hatte: Ein älterer Herr mit Hund begrüßte mich freundlich. Wir kamen ins Gespräch über das, was man eben mit einem Fremden so spricht, wenn man sich vorm Regen unterstellt:

»Das ist aber ein Regen heute!«

»Allerdings«, antwortete der ältere Herr; jedoch nicht mir, sondern seinem Hund, einem quirligen Dackel, »nicht wahr, das findest du auch: So ein Regen, pfui Teufel, dabei hat doch heute früh die Sonne geschienen!«

Während er sprach, streichelte er unablässig Kopf und Rücken des Tieres, was der Vierbeiner mit behaglichem Fiepen und Schwanzwedeln goutierte.

Und auf diese Weise ging es weiter, so verlief unsere seltsame Unterhaltung: Ich fragte, ob der Herr es noch weit nach Hause habe. Der Herr antwortete seinem Hund:

»Wir haben es nicht mehr weit, nicht wahr, gleich sind wir daheim.«

Der Dackel wedelte zustimmend mit dem Schwanz.

Ich entdeckte einen Lichtstreif am Firmament und meinte, lange könne der Regen nicht mehr dauern.

Wieder antwortete der Herr statt mir seinem Hund mit Kopftätscheln und Gesten des Entzückens:

»Ja, wie ist das schön, nicht wahr? Da freust du dich: Nicht mehr lange, dann bekommst du ein schönes Leckerli.«

Und dann, kurz bevor der Regen tatsächlich aussetzte, wurde der Dackel unruhig, er zerrte an der Leine und wollte los. Der ältere Herr sagte:

»Will mein Kleiner nach Hause? Weil mein Kleiner hungrig ist?«

Und der Herr gab dem Dackel Leine und folgte dem Tier hinaus in den Regen – ich war sprachlos, meiner Treu, welch ein schrulliges, wunderliches, seltsames Paar!

Ich erzähle das Erlebnis, weil es mich nachhaltig amüsiert hat und mir zugleich wieder deutlich vor Augen führt, wie herrlich absonderlich doch die Spielarten der menschlichen Neigungen sein können. Und überdies: dass die Liebe zu einem Tier keinen grundsätzlich anderen Regeln unterworfen ist als die Liebe zu einem Menschen. Der ältere Herr wäre wohl auch mit einem menschlichen Partner ebenso gütig, ebenso demütig und verschroben umgegangen. Zweifelsohne wäre er auch den Launen seiner Gattin treu ergeben gefolgt und hinaus in den Regen getreten, bloß weil sie den Wunsch hatte, nach Hause zu gehen. Nein, die Gattung dessen, was unser Herz erweicht, spielt eine untergeordnete Rolle; was zählt – hier wie überhaupt – ist die Tiefe unserer Gefühle: Wir können ein Tier lieben, wie wir einen Menschen lieben.

Als Otto von Bismarcks Lieblingsdogge starb, verfiel der eiserne Kanzler wochenlang in Depressionen, untröstlich über den unwiederbringlichen Verlust. Und wie könnte es auch anders sein? Ein Hund, eine

Katze, ein Wellensittich lebt viele Jahre in unserem Haushalt; wir pflegen täglichen Umgang, sorgen für das Wohlergehen der tierischen Freunde ebenso wie für die eigenen Kinder oder uns selbst. Wir unterhalten uns, wir streiten uns; wir grollen, wir versöhnen uns wieder; wir träumen und spielen und genießen es, dass das andere Wesen da ist – wo sollte da der Unterschied zu einem Menschen liegen?

Überdies können auch Tiere Gefühl und Verständnis für uns Menschen aufbringen, ein Verständnis, das den Umweg über wortreiche Diskussionen nicht braucht. Das Ideal einer Beziehung, in der sich beide Partner blindlings verstehen, wird bisweilen in einer Mensch-Tier-Paarung auf die spielerischste Weise erzielt.

Nicht zuletzt deshalb gelten für nicht wenige Zweibeiner Tiere als die besseren Menschen. Der amerikanische Humorist Mark Twain schrieb einmal: »Hunde sind die eigentlichen Gentlemen: Was ich bei Menschen selten erfahren habe – Treue, Haltung, Ergebenheit –, ist bei ihnen selbstverständlich. Deshalb hoffe ich, ich komme, wenn ich einmal tot bin, in das Himmelreich der Hunde und nicht das der Menschen.«

Und damit nicht genug: Es existieren weitere menschliche Leidenschaften, die nicht einen anderen Menschen zum Gegenstand des Vergnügens haben. Ich denke an das, was wir heute allenthalben Hobby nennen, ein Begriff, der eine schöne Herkunft hat. Das Wort Hobby leitet sich vom englischen Ausdruck »hobby horse« ab und lautet in der deutschen Entsprechung »Steckenpferd«. Wer einem Hobby nachgeht, der reitet auf gut Deutsch ein Steckenpferd. Aber was ist das? Ursprünglich ein Kinderspielzeug, ein Stock (Stecken) mit einem geschnitzten Pferdekopf und Zügeln, auf dem das Kind ähnlich wie auf einem wirklichen Pferd reiten kann; es muss sich bloß aus eigener Kraft in Bewegung setzen. Meines Wissens gibt es solche Steckenpferde heute nicht mehr, doch ich kann mich noch halbwegs an mein hölzernes Ross aus Kindertagen erinnern: Unermüdlich, so wird erzählt, ritt ich über die Koppeln unserer Wohnung – sinnlos, ziellos, jedoch mit einem Höchstmaß von hingebungsvoller Begeisterung.

Heute kennen wir diese in sich gekehrte Leidenschaft nur noch unter dem Namen »Hobby«. Ich denke, auch sie ist eine Form von Liebe, eine unscheinbare, meist leise, doch nachhaltige und treue Spielart. Und zahllose Menschen gehen ganz in ihr auf wie Kinder in einem Spiel: Hier sind sie zuhause. Sei es im Keller bei der Eisenbahn, sei es auf dem Speicher, die Briefmarkensammlung auf den Knien. In Sportvereinen und Künstlertreffs; im Imkerverein und auf mittelalterlichen Märkten; im Stadion der Lieblingsmannschaft, im Kochkurs bei der vhs, im Proberaum der Rentnerband, im Lesezirkel in der Stadtbibliothek. Es gibt Millionen Bastler und Fans, Schwärmer und Sammler, Tüftler und Macher, Freaks und Spinner. Und manch ein Laie macht durch Begeisterung und Leidenschaft wett, was ein Profi durch Ausbildung nicht erreichen kann.

Hobbys gelten als schöne Nebensache, aber eigentlich sind sie das Zentrum eines Lebens. Ein passionierter Wanderer könnte problemlos auf Supermärkte, Haftpflichtversicherungen oder Flachbildfernseher verzichten; ohne die Tage an der freien Natur jedoch, die Routen in den Alpen und an den Hängen von Mosel und Rhein wäre das Leben für ihn ein Irrtum.

Und dies führt uns zu einer weiteren Form von Liebe, die vielleicht die selbstloseste und reinste Form von allen ist: die Liebe zur Natur! Wer die Pracht von herbstlich bunten Wäldern liebt, das Sinken des Lichts am Nachmittag, das Heraufziehen der Nacht in Flammen von Violett und Tintenblau, der stellt keine Bedingungen und hat keine Ansprüche.

Der Naturliebhaber genießt die Dinge, wie sie sind; er genießt sie, weil sie sind, in einem Moment der Innigkeit, ja fast könnte man annehmen einem Moment der Verschmelzung.

Ein sanfter Abend am Meer; eine Brise vom Festland, die ersten Strahlen des Mondes werfen silbern schimmernde Kanäle über den schuppigen Spiegel der See. Wir nähern uns an Hagebuttensträuchern und Sanddornhecken vorbei dem Strand. Wir verweilen stumme Augenblicke und vernehmen das Geräusch von Wind und Meer; hin und wieder Hundegebell in der Ferne, sonst nichts. Wir empfinden den Zauber einer Leidenschaft und wir spüren eine

Erregung, fremd und bekannt zugleich, zart und heftig wie in den Armen einer geliebten Person.

Aber wen lieben wir an diesem Strand? Diesen grauen Riesentümpel vor uns? Dasselbe Meer, das stündlich Öltanker und Fischkutter durchkreuzen? Diese Sandkuppen unter, diese Wolken über uns?

Als Heinrich Heine in jungen Jahren unter starken Kopfschmerzen litt, wurde er zur Erholung nach Norderney an der Nordsee geschickt. Viele Stunden am Tag verbrachte er mit müßigen Spaziergängen am Strand. In seinen *Reisebildern* notiert er:

»Ich liebe das Meer wie meine Seele. Oft wird mir sogar zumute, als sei das Meer eigentlich meine Seele selbst.«

Und ja, vielleicht ist das der Kern der geheimnisvollen Faszination, die wir in der Natur erfahren können. Angesichts des Erlebnisses von Meer und Bergen, von Wäldern, Wiesen, Flüssen und Auen tauchen wir ein in ein Geheimnis, das wesensgleich mit uns selbst ist; ein sprechendes Geheimnis, das überraschende Dinge über uns zu erzählen weiß, von denen niemand sonst eine Kenntnis hat.

4

Kann denn Liebe Sünde sein?

Liebe Leserin, lieber Leser, bislang haben wir, wenn wir von den gewundenen Wegen gesprochen haben, auf denen die Menschenkinder einander begegnen, die Episoden einer Geschichte mit dem Titel *Ein Junge trifft ein Mädchen* erzählt. Das ist unmittelbar einleuchtend, schließt aber streng genommen eine andere Geschichte aus. Die Geschichte, wenn ein Mädchen ein Mädchen liebt oder ein Junge einen Jungen.

Doch ist das nicht dieselbe Geschichte, nur mit anderen Vorzeichen? Ich für meinen Teil bin davon überzeugt: Denn wo sollte der Unterschied liegen? Haben Schwule und Lesben kein Herzklopfen, keine schlaflosen Nächte, keine gemeinsamen Träume von den Abenteuern des Lebens? Und streitet sich ein Mädchen mit einem Mädchen anders, versöhnt sich ein Junge mit einem Jungen anders? Das ist wohl nicht anzunehmen, denn das Menschlich-Allzumenschliche kennt keine Unterscheidung von Hetero- und Homosexualität.

Allerdings wird diese Auffassung bekanntlich

nicht von allen Menschen geteilt. Mich schockieren immer wieder die Argumente der Gegner. Es heißt, Homosexualität sei wider die Natur: Aber wenn das so wäre, warum erschafft die Natur immer wieder Menschen mit diesen Neigungen?

Es heißt, die gleichgeschlechtliche Liebe verstoße gegen die guten Sitten. Aber welche gute Sitte könnte gemeint sein, die Sympathie und Zuneigung ausschließt? Oder meinen die Gegner gar, Schwule und Lesben verübten mehr Straftaten als andersgeschlechtlich orientierte Menschen?

Die Geschichte dieser Liebenden ist seit Jahrtausenden eine Geschichte des Hasses und der Verfolgung. Unzählige endeten auf Scheiterhaufen und an Galgen, und das nur, weil eine Liebe, die nicht in das Raster der Gesetzgeber und Sittenwächter passt, zur Straftat und zur Sünde erklärt wird.

Auch heute noch gibt es Länder, die Homosexualität unter Todesstrafe stellen, zum Beispiel Saudi-Arabien und der Iran. Menschen, welche auf diese Weise verfolgt werden, erleben eine besonders bittere Verletzung ihrer Freiheiten, denn es wird ihnen systematisch ein Recht entrissen, das die Kläger für sich selbst unhinterfragbar in Anspruch nehmen: die Freiheit zu lieben, wie und wen man will!

Indem Machthaber oder Widersacher einem Menschen die Autonomie seiner Gefühle und Leidenschaften aberkennen, versetzen sie ihm einen Schlag, der ihn in seinem Innersten erschüttert, umso mehr, als der solcherart Verfemte für etwas zur Verantwortung gezogen wird, was außerhalb seiner Wahlmöglichkeiten liegt. Denn die sexuelle Orientierung ist uns in die Wiege gelegt wie die Farbe unserer Augen.

Dass heutzutage viele Schwule und Lesben ihre Sexualität überdeutlich betonen, ist vor diesem Hintergrund nur allzu verständlich. Wer über Jahrhunderte für das leiden musste, wofür er nichts kann, der nimmt sich jetzt das Recht heraus, sich dessen zu brüsten, was ein Spiel des Zufalls für ihn bestimmt hat.

Heute behauptet ein hochrangiger Politiker: »Ich bin schwul, und das ist gut so.« In ein paar Jahren wird es, hoffe ich, schlicht heißen: »Ich bin schwul oder ich bin lesbisch, und das ist so, wie es ist – nichts weiter.«

Es läuft immer wieder auf dasselbe hinaus: Was wirklich zählt, ist nicht die Orientierung der Liebe, sondern die Dimension der Gefühle, und die ist da oder sie ist nicht da. Dasselbe gilt für die Spiele der Verführungen, die Schwärmereien, die Träume, das Staunen vor dem anderen.

Ich denke an ein Gedicht von Stefan George, das ich seit vielen Jahren sehr schätze, weil es in außergewöhnlichen Bildern eine außerordentliche Liebe beschreibt. Nun, Stefan George war homosexuell, ich, der es lese und genieße, bin es nicht. Ich frage mich ferner, kann es überhaupt so etwas wie ein schwules Liebesgedicht geben, das ganz anders wäre als ein Sonett aus der Feder eines frauenliebenden Poeten oder einer männerliebenden Poetin?

Hier ist der Beginn des Gedichtes:

Du schlank und rein wie eine flamme
Du wie der morgen zart und licht
Du blühend reis vom edlen stamme
Du wie ein quell geheim und schlicht

Und nun frage ich Sie: An wen, glauben Sie, richten sich diese Zeilen? Richtet sie ein Mann an einen Mann oder ein Mann an eine Frau? Oder spricht hier eine Frau zu einer Frau oder doch eine Frau zu einem Mann? Oder ist das letztlich nicht völlig gleichgültig, weil nur die Bilder der Verehrung und die Erregungen des Herzens zählen?

Berühmte Liebespaare III
Dido und Äneas

Dass Helden eine große Anziehungskraft auf das schwache Geschlecht ausüben, ist hinlänglich bekannt. Und es ist ebenso bekannt, dass in den Armen des schwachen Geschlechtes selbst der stärkste Held gerne einmal schwach wird. In ebendieser Weise entbrennt auch die Liebe zwischen dem letzten Liebespaar unserer Reihe, von dem uns der römische Dichter Vergil in seinem Epos *Äneis* erzählt.

Nach der Niederlage im trojanischen Krieg segelt der Troer Äneas übers Meer. Er hat einen Auftrag von höchster Stelle: Die Götter haben ihn dazu bestimmt, für sich und die seinen eine neue Heimat zu finden. Er soll einen Staat gründen, größer und ruhmvoller als alles bisher Dagewesene: Rom!

Nach vielen Abenteuern und Bewährungsproben landet Äneas eines Tages an der Küste Karthagos in Nordafrika: eine Zwischenstation. Dort herrscht die Königin Dido. Sie empfängt die Seeleute freundlich und spendiert ein riesiges Gastmahl, während dessen sie Äneas auffordert, von seinen Ruhmestaten zu erzählen. Das lässt der Held sich nicht zweimal sagen und spricht den ganzen Abend! Und wie er so spricht, nimmt ihn die Königin näher in Augenschein: Groß ist Äneas und kraftvoll, ein ganzer Kerl: Sie kann jeden Muskel zählen und tut es auch mit steigender Lust. Mit einem Wort, es ist um Dido geschehen.

Und Äneas geht es nicht anders. Denn Dido ist von bezaubernder Schönheit, ihr Gesicht ebenmäßig, das Haar blondgelockt, ihr schlanker Körper ohne Fehl und Makel. Doch Dido, der Witwe, ist die Liebe verboten: Sie hat ihrem Mann auf dem Totenbett schwören müssen, niemals die Frau eines anderen zu werden. Bisher hat sie ihren Schwur gehalten. Da kommt nun ausgerechnet dieser schöne Held aus Troja daher, zudem ein Mann mit Zukunft! Sie verzehrt sich in Gewissensnöten und Liebesqualen.

Dann, eines Tages entscheidet sich alles von selbst: Während einer Landpartie kommt ein Gewitter auf, Dido und Äneas entfernen sich von der Gesellschaft und suchen in einer Grotte Unterschlupf. Sie rücken aneinander, sie berühren sich, ihre Lippen finden sich, dann …

Dido sagt: »Ich liebe dich.« Sie berichtet ihrem Geliebten von dem Schwur. Äneas haucht, liebestrunken und mit seiner sanftesten Stimme: »Auch ich liebe dich.«

»So bist du jetzt mein Mann!«, sagt Dido. Und Äneas nickt und bedeckt ihren Körper mit tausend feurigen Küssen.

Sie sind nun ein Paar und das Leben der nächsten Jahre wird ein einziger Rausch: Sie haben einander, besitzen einen Palast, ein Reich, was will man mehr? Es könnte ewig so weitergehen. Da ertönt ein offizieller Einspruch: Die Götter intervenieren! Und nehmen sich Äneas gehörig zur Brust: »Freundchen, wir hatten einen Plan mit dir! Statt dich hier zu vergnügen, solltest du längst auf dem Weg sein, das künftige Rom zu gründen. Schon vergessen?«

Äneas ist starr vor Schrecken und gehorcht. In Windeseile ruft er seine Mannen zur Abfahrt und sucht Dido auf, ihr Lebewohl zu sagen.

Es bricht ihr das Herz. Er sagt: »Die Götter wollen es so.« Was nichts anderes ist als die Standardausrede der Antike: Irgendwo gibt es immer einen Gott, der irgendetwas Abstruses verlangt. Denken wir uns die Götter weg! Wir sehen eine Frau und einen Mann, das genügt!

Dido flüstert: »Du hast gesagt, du liebst mich. Du bist mein Mann.« Äneas antwortet, ja, er habe das gesagt, er habe es auch ehrlich gemeint, aber ...

»Aber was?«, ruft Dido.

»Aber ich habe Rom zu gründen!«

»Gebe ich dir nicht alles, was du brauchst: ein Reich, einen Palast, ein Bett?«

Äneas zuckt die Schultern und schüttelt den Kopf. Er weiß nicht, was er antworten soll. Stattdessen sagt er: »Es tut mir leid. Es tut mir einfach nur leid.«

Dann stürzt er los, Tränen in den Augen, eine klaffende Leere im Herzen. Sämtliche Habseligkeiten zurücklassend, rennt er an den Strand.

Dido bleibt allein zurück: Wollte sie zu viel, verlangte sie Menschenunmögliches von ihrem Liebsten? Sie hatte keinen anderen Wunsch, als dass alles, was gut war, so bliebe.

Als sie in ihrem Gemach die zurückgelassenen Kleider, Rüstung und Waffen des Geliebten erblickt, ergreift sie sein Schwert und – ganz im Stil der antiken Tragödie – richtet es gegen sich selbst, während der gebrochene Held längst auf und davon ist, sein Reich zu gründen.

Ach, arme, schöne, verliebte Dido!

So oder so ist die Liebe

1
Schokoladenfreuden

Mir kommt eine Erinnerung an meine Kindheit in den Sinn, ich denke an einen Satz, den ich stets zu hören bekam, wenn ich von meinen Eltern, von Verwandten oder Freunden der Familie eine süße Überraschung erhielt: »Iss nicht alles selbst auf, teile mit anderen!«

Und gehorsam, wie ich war, befolgte ich die Anweisung und brach die Schokolade in Stücke; und die anderen Kinder, die dasselbe zu hören bekamen, taten es ebenso – zumindest die meisten.

Und so lernte ich von früh auf ein glücksbringendes Prinzip: Geteilte Freude ist doppelte Freude!

Doch so einfach, wie es scheint, war es nun auch wieder nicht: Es blieb immer die Frage, mit wem ich die köstliche Noisette teilen sollte. Denn es gab natürlich Kinder, mit denen das Teilen mehr Spaß machte als mit anderen. Außerdem ist die Tatsache zu berücksichtigen, dass eine Tafel Schokolade keine unbegrenzte Ressource darstellt, sodass durchaus vorgängige Überlegungen angebracht waren, für welche Kinder und zu welchen Anlässen das Anlegen der Spendierhosen angebracht sein würde.

Nun, der Grund, weshalb ich diese Kindheitserinnerung erwähne, ist folgender: Ich denke, dass es in Angelegenheiten des Herzens ähnlich zugeht wie beim Aufteilen der Schokolade. Denn auch hier stellt sich unausweichlich die Frage, mit welchem anderen Menschen wir gewillt sind, die köstlichen Abenteuer der Liebe zu teilen. Mit jedem, der gerade zufällig in der Nähe ist, oder mit einer erlesenen Auswahl standesgemäßer Kandidaten? Und angenommen unser Herz wäre eine Tafel Schokolade, dann stellt sich überdies die Frage, wie oft es sich wohl teilen lässt, das Herz, bis schließlich nichts mehr zum Verteilen übrig bleibt.

Hierüber existieren zwei grundverschiedene Ansichten. Die einen behaupten: Ein Herz lässt sich prinzipiell nur einmal teilen, mit einem einzigen Menschen; was darüber hinausgeht, kann nie dieselbe Qualität besitzen und wird nie etwas anderes sein als schnöde Wiederholung, Nachahmung und vergebliche Reprise.

Die zweite Ansicht setzt dem ungeachtet bedingungslos auf die Verlockungen des Plurals. Ihre Vertreter insistieren, dass ein Herz sich beliebig oft teilen lässt und dass es durch Teilen nicht kleiner und schwächer wird, sondern reicher und erfüllter, weil die Schokolade des Herzens einem Füllhorn entstammt, dessen Quelle niemals versiegt.

Für beide Positionen lassen sich zahlreiche Argumente und Beispiele anführen. Man muss nicht lange suchen, um Menschen zu finden, die der einen oder anderen Fraktion angehören. Die launische Nachbarin von gegenüber und ihr lethargischer Ehemann gehören wohl sicherlich zur ersten Kategorie, ob aus Überzeugung oder aus einem Mangel an Alternativen heraus oder gar schlicht aus Gründen der Altersresignation, ist die Frage.

Anderseits treffen wir häufig auf Vertreter der pluralorientierten Art: den braungebrannten Sportler, der in einer großen Warenhauskette Tennisschläger und Skiaccessoires verkauft und vor dessen Apartment jedes Wochenende ein anderer Wagen parkt, den unausgeschlafen und in verknitterter Kleidung montagmorgens immer wieder eine andere junge Dame besteigt. Nachbarn und Familie beobachten sein Treiben in einer Mischung aus Bewunderung, Neid und Empörung.

Wenn indessen eine junge Dame die Neigung hat, ihr Herz in vielfacher Hinsicht zu teilen, dann erregt sie weit häufiger und unversöhnlicher Reaktionen der Empörung, am heftigsten vielleicht bei ihren eigenen Geschlechtsgenossinnen sowie denjenigen Herren, die bei ihr abgeblitzt oder die zu alt und grau für eine ernstzunehmende Chance sind.

Nun, zu jeder der beiden Positionen – das einfach geteilte und das vielfach geteilte Herz – lässt sich eine berühmte Geschichte erzählen, deren Hauptfiguren sinnfällig den Kern der beiden unterschiedlichen Standpunkte verkörpern. Ich gebe es zu: Beide Figuren sind keine Allerweltsgestalten; sie neigen zu Extremen und Übertreibungen; doch gerade deshalb, denke ich, sind ihre Geschichten hervorragend geeignet, uns die Unterschiede der Positionen in Handeln und Fühlen zur Anschauung zu bringen: Ich denke an die Geschichten von Werther und Don Juan!

2
Das einfach geteilte Herz

Betrachten wir zunächst den Helden aus Johann Wolfgang von Goethes Erfolgsroman. Für uns heute gilt Werther als der Inbegriff romantischer Liebe. Und der Roman, dessen Gefilden er entstiegen ist, *Die Leiden des jungen Werther* des blutjungen Autors, gilt als berühmtestes Werk des sogenannten Sturm und Drang, der Rock 'n' Roll-Ära der Deutschen Literatur, als sich eine Handvoll junger Wilder – unter ihnen Goethe, Schiller, Lenz – gegen Verlogenheit und Spießertum erhob und den Aufstand probte.

Der einsame Held dieser Bewegung ist Werther; und der gefeierte Roman seiner Leiden aus dem Jahre 1774 ist der erste Bestseller in der Geschichte der Literatur, nicht allein der deutschen, sondern mithin der europäischen; ein Buch überdies mit einer prominenten Fangemeinde: allen voran der französische Kaiser Napoleon.

Nachdem dieser halb Europa in Schutt und Asche gelegt hatte, verspürte er kein drängenderes Verlangen, als den Dichter des *Werther* einmal persönlich kennenzulernen. Im Jahre 1808 zitiert er Goethe – nun schon im gesetzten Alter und schon lange kein Rock 'n' Roller mehr – zur Audienz ins eroberte Erfurt. Napoleon lobt das Buch in den höchsten Tönen. Nur das Ende gefällt ihm nicht. Dass ein junger Mann sich aus Liebeskummer eine Kugel in den Kopf schießt, ist für den Feldherrn absolut unannehmbar. Wenn ein junger Mann eine Kugel abfeuert, so Napoleons im Donnerton vorgetragenes Argument, dann ausschließlich unter zwei Bedingungen: Erstens auf dem Feld der Ehre! Zweitens in den Kopf des Feindes und nicht den eigenen!

Ansonsten findet der kleine Kaiser das Buch und seine Geschichte außergewöhnlich und gelungen. Aber wie geht die rätselvolle Geschichte noch mal?

Werther, ein junger Mann aus vermögenden Verhältnissen, verliebt sich Hals über Kopf in ein Mädchen vom Land, Lotte mit Namen. Sie fühlt sich durch das überraschende Interesse des fremden Herren geschmeichelt und seltsam erhoben. Für Werther allerdings ist die Begegnung von Anfang an alles andere als ein harmloser Flirt. Für ihn ist Lotte die Liebe seines Lebens. Er ist von Sinnen vor Glück!

Doch die Sache hat einen Haken. Denn Lotte ist bereits vergeben, verlobt mit einem Mann aus der Gegend, und sie denkt keinen Augenblick daran, ihre Verbindung und die damit verknüpften Zukunftspläne in Frage zu stellen.

Werther ist am Boden zerstört, sein eben erst in

Windeseile errichteter Glückspalast ein einziger Trümmerhaufen. Er muss nachdenken, er fragt sich: »Was bedeutet die Liebe zu Lotte für mich?«

Seine Antwort fällt dramatisch aus, er sagt sich:

»Was immer auch geschehen mag: Lotte ist die Liebe meines Lebens! Sie ist die erste und letzte Wahrheit meines Herzens. Jetzt und für immerdar!«

Der missliche Umstand, dass er Lotte niemals wird vor den Traualtar führen können, ja, dass seine Gefühle für sie noch nicht einmal in derselben Weise erwidert werden, stellt für Werther keinen Grund dar, seine Liebe zu ihr abkühlen zu lassen.

Er stattet Lotte weiterhin Besuche ab, freundschaftlich, höflich, korrekt: Er versucht nicht, ihr Avancen zu machen, will einzig in den Genuss ihrer Nähe gelangen. Doch Lotte wird es bald zu viel. Sie bittet Werther, seine Besuche zu unterlassen.

Still leidend hält er sich an die Anweisung. Mit einer Ausnahme: Er sucht Lotte ein weiteres Mal auf, um ihr seine unsterbliche Liebe zu bekennen. Er reißt die Käfigtüren seines Herzens weit auf und entlässt die Paradiesvögel seiner Liebe in Freiheit. Lotte lauscht ergriffen seinen Worten. Und dann, in einem wahnhaften Anfall von Entschlossenheit, umarmt und küsst er sie, wild, ungehemmt, leidenschaftlich. Und Lotte? Zur größten Überraschung gewährt sie dem Liebestollen widerstandslos beides, Kuss und Umarmung! Doch nur für den Rausch eines Augenblicks; dann rufen sie Vernunft und Moral ins geregelte Leben zurück.

Doch dieser eine Augenblick genügt Werther; dieser eine Augenblick ist sein ganzes Glück.

Es ist dies die letzte Begegnung. Danach, könnte man meinen, wäre es endlich gut mit der eitlen Verliebtheit. Er hat doch nun den Beweis, dass er einen Platz in ihrem Herzen besitzt. Er könnte sein Leben in neue Bahnen lenken und von vorne beginnen. Doch so ist Werther nicht gestrickt: Entschlossen und beherzt wie selten, trifft er Vorbereitungen, seinem Leben eine unumkehrbare Wendung zu geben. Er verfasst einen Abschiedsbrief und vollbringt seine allerletzte Liebestat: Er schießt sich eine Kugel in den Kopf!

Das ist ein Abgang! Aber nun mal unter uns: Was sollen wir von diesem Kerlchen halten? Vielleicht einfach nur das: Werther hat einen ganz großen Dachschaden! Das ist eine weitverbreitete Ansicht: Er ist überreizt, überdreht, überspannt und er hat eindeutig zu viele romantische Romane gelesen. Andere behaupten, früher wie heute: Werther sei ein Verlierer; er habe in seinem Leben nichts erreicht, außer, dass er einem Hirngespinst hinterhergejagt sei. Dies alles sind verständliche Antworten, aber sie kommen alle von außen, nicht von innen. Was aber ist, wenn wir den Versuch unternehmen, Werther von seiner eigenen Warte aus zu betrachten? Erscheint er dann immer noch als Verlierer?

Werther wird behaupten: »Ich habe nichts verloren und alles erreicht, was ich mir vorgenommen habe. Ich habe das höchste Ziel vollendet, das ein Mensch sich setzen kann: Ich bin mir und meinen Ansprüchen treu geblieben.«

Und tatsächlich: Er hat die ungeheure Liebe seines Herzens zu keinem Zeitpunkt verraten. Er hat sie weder geschmälert, als er auf Widerstände gestoßen ist; noch hat er sie aufgeben, als er begriff, dass er Lotte niemals wird heiraten können.

Ja, Werther lässt sein gesamtes inneres Wesen, sein gesamtes Gefühlsvermögen in diese eine Liebe einfließen. Jeder andere hätte seinen Liebeskuchen längst aufgeteilt. Doch dazu ist Werther nicht fähig. Er trägt in seinem Herzen nur eine einzige Liebe und verlangt nach keiner zweiten. Sie ist sein einsames Ideal oder – je nachdem – sein Dachschaden.

Werther ist das Extrem des einfach geteilten Herzens. Doch es bleibt zu fragen, warum es ausgerechnet diese eine sein muss? Warum Lotte, die einem anderen gehört? Haben nicht auch andere Mütter hübsche Töchter? Er könnte doch genauso gut sein Herz einer anderen schenken und dieser ein Leben lang treu bleiben! Doch das ist ausgeschlossen. Werther würde es als tödlichen Verrat an seinem Ideal empfinden, als einen Kompromiss der allerfaulsten Sorte.

Was genau bedeutet in seinem Fall das Wort »Kompromiss«? Sagen wir es so: Wenn ich ein Glas Bier trinken möchte und ich bekomme nur ein Glas Apfelwein, dann ist der Apfelwein im Vergleich zu meinem ersehnten Glas Bier ein Kompromiss: Es ist zwar besser als nichts, denn immerhin löscht er meinen

Durst. Dennoch habe ich nicht das bekommen, was ich eigentlich wollte. Ich bin nur halb am Ziel meiner Wünsche. Für die meisten von uns ist das eine akzeptable Praxis, und Kompromisse gelten als unvermeidbare Zugeständnisse in einer Welt, die kein reines Wunschkonzert ist. So allerdings nicht für Werther: Für ihn sind Kompromisse Treuebrüche. Er sagt sich: »Entweder liebe ich diese eine oder ich liebe gar nicht.« Das ist Werthers Ideal: heillos überzogen und hoffnungslos weltfremd; und doch auf geniale Weise schlüssig und konsequent.

Bleibt zu fragen, ob es das tatsächlich wert ist: sich für die Konsequenz eine Kugel in den Kopf zu schießen?

3
Das vielfach geteilte Herz

Indessen träumen nicht alle Menschen denselben Traum von der einen und einzigen Liebe. Hinter meinem Rücken vernehme ich bereits deutlich die Stimme eines Einspruchs, die klare und feste Stimme eines Liebhabers ganz anderer Art, der zu den ältesten Figuren der europäischen Literatur zählt. Er taucht zum ersten Mal gleichwie aus dem Nichts im tiefsten Mittelalter auf, im erzkatholischen Spanien. Die bekannteste Schilderung seines Lebens und seiner Taten dürfte die Bühnenfassung von Molière aus dem Jahre 1665 sein. Die bekannteste musikalische Umsetzung seiner Legende schrieb Mozart, freilich in der italienischen Fassung seines Namens: Die Rede ist von Don Juan. Kaum ein Bühnen- und Bücherheld ist umstrittener als er; beneidet und verfemt; verehrt und verachtet.

Dabei ist seine Geschichte eigentlich keine wirkliche Geschichte. Was erzählt wird, ist im Grunde nichts anderes als sein eigentümliches Liebesverhalten. Und das lässt sich mit einem einzigen Wort beschreiben: unersättlich! Er soll, heißt es, über tausend Frauen verführt haben und dabei jeder einzelnen seine tiefinnigste Liebe gestanden haben. Aber kann das möglich sein? So viele mit derselben Leidenschaft zu lieben wie Werther eine einzige liebt?

Ich höre Don Juans Lachen über diese Frage und ich glaube, er lacht auch ein wenig über Werthers Idealismus. Aber es klingt nicht verächtlich, eher wie ein großer Bruder über den kleinen lacht; er hat großen Respekt vor ihm, denn letzten Endes ist auch Don Juan ein Idealist.

Freilich nicht nach der Überzeugung seiner Feinde und Neider, derer es nicht wenige gibt. Sie verurteilen Don Juans Freizügigkeit und betrachten seine amourösen Abenteuer als Zeichen von sittlicher Verderbtheit und Menschenverachtung. Doch da muss ich Einwand erheben: Ich sehe ihn nicht so. Was nicht heißen soll, dass die besagten Typen nicht existierten: die Aufreißer mit Goldkettchen, die Karussellschieber und George-Clooney-Billigausgaben.

Doch von diesen ist Don Juan meilenweit entfernt. Denn ihn unterscheidet etwas Wesentliches von jenen mehr oder weniger erfolgreichen Strategen der schnellen Verführung. Don Juan liebt nicht aus Begierde, Lust oder Eitelkeit.

Er sagt: »Mich bezaubert die Schönheit, wo ich sie finde.«

Ja, es ist in erster Linie die Schönheit einer Person – eines jungen Mädchens, einer reifen, eleganten

Frau –, welche die Leidenschaft in ihm erweckt und seinen Ehrgeiz antreibt. Und am Ende, nach allen Hindernissen, nach allem Hin und Her, nach Rückschlägen, Tränen und Lachen, steht für Don Juan die Feier der Vereinigung als Festakt der gewonnenen Schönheit.

Doch lässt sich ein Fest nicht unendlich in die Länge ziehen! Ist der Rausch verflogen, bleibt nicht mehr viel zu wünschen übrig. Und was die Stürme der Leidenschaft an schönem Entzücken hervorgerufen haben, geht in der Windstille einer ruhigen Liebe dahin. Bevor dies je eintreten könnte, lässt Don Juan unvermeidlich den nächsten Schritt folgen: Er verlässt die Frau und geht weiter – nicht aus Überdruss oder Eigennutz, sondern aus einer Art Gerechtigkeitssinn heraus. Er sagt:

»Die Liebe zu der einen Schönheit zwingt meine Seele nicht, gegen alle anderen ungerecht zu werden. Ich zahle jeder einzelnen die Huldigungen, die allen Frauen gebühren.«

Und hierin wird noch ein Weiteres deutlich, das die Liebe von Don Juan so außergewöhnlich macht und ihn unendlich von allen gewissenlosen Verführern unterscheidet: Er nimmt nichts von den Frauen, was über den Augenblick der Vereinigung hinausreicht! Er verlangt keine ewige Treue, keine ewige Zuneigung. Stattdessen gibt er lieber; er verschenkt, was für ihn allein zu viel ist, und lässt andere teilhaben an seinem übervollen Herzen, seiner übergroßen Leidenschaft. Deshalb auch kann er nicht bei einer einzigen Frau bleiben und ist immerzu unterwegs zu einer weiteren Schönen. Er ruft aus:

»Ich habe das Gefühl, mein Herz könne die ganze Welt lieben.«

Und an diesem Punkt ist Don Juan unserem Werther ganz nahe: Ihre beiden Welten sind ganz und gar von Liebe durchdrungen. Doch anders als bei Werther kann Don Juans Liebe nicht einer einzigen Frau gehören: Das wäre in seinen Augen ein unverzeihlicher Egoismus. Er hat auch nicht die Angst Werthers, dass die Liebe durch Teilung abnimmt. Don Juan lebt verschwenderisch das Gegenteil: Seine Liebe wird durch ständige Teilung größer. Er ist ein Geber und kein Nehmer; ein Schöpfer aus einem unerschöpflichen Herzen.

So sind beide, Werther wie Don Juan, wahre Brüder im Geiste: Sie verkörpern auf ihre Weise die zwei Seiten ein und derselben Medaille, zwei Formen von Liebe, die im Grunde identisch sind, weil im Zentrum jeder Form der Hingabe nicht die Frage nach Singular oder Plural steht, sondern einzig die Treue zum Ideal.

Werther und Don Juan repräsentieren die äußersten Grenzpunkte im Reich der Liebe: das einfach und das tausendfach geteilte Herz. Diese Positionen sind eindrücklich und staunenswert, doch wirklich interessant wird es erst in den hügeligen Gefilden innerhalb der zwei Grenzen, im Binnenland der Gefühle, zwischen Eins und Unendlich.

Hier teilen die meisten von uns die Schokolade

ihres Herzens. Und es ist eine Frage der allerköstlichsten Sorte, wie viele Teilungen eine Rum-Trauben-Nuss oder eine Noisette vertragen. Und umgekehrt: wie häufig wir von anderen eine Einladung zur Teilung ihres Naschwerks erhalten werden.

Zu guter Letzt

Dass ein Buch nicht einfach so vom Himmel fällt, sondern das Resultat einer konzentrierten, ausdauernden Tätigkeit ist, dürfte eine allgemein bekannte Tatsache sein. Mithin ist es bei der Arbeit des Schreibens wie allen anderen Arbeiten auch: Sie entsteht und gestaltet sich nicht ausschließlich aus sich selbst heraus, sondern ist auf Unterstützung, Zuspruch und Anregungen angewiesen. Grund genug, an dieser Stelle denjenigen Menschen einen herzlichen Dank auszusprechen, die dazu beigetragen haben, dass die Gedanken und Geschichten von *Liebe … ist eine besondere Form von Geisteskrankheit* den Weg aus meinem Kopf und meinem Herzen auf die Seiten dieses Buches nehmen konnten.

Ich danke meinem Team, das die ausgedehnten Tourneen, die mich seit Jahren mit unterschiedlichen Live-Programmen durch Deutschland, Österreich und die Schweiz führen, für mich plant und gemeinsam mit mir ausführt. Sie verstehen es immer wieder, mir das Leben unterwegs so angenehm wie möglich zu machen, sodass ich trotz zahlreicher Termine und Verpflichtungen genügend Muße zum Schreiben finden kann.

Mein herzlicher Dank gilt Martin Pfeiffer, mit dem gemeinsam ich die Buchidee ausgeheckt habe, sowie Roland Pietryga und Volker Seidler. Außerdem Lennart Schmiedel für die Magie seiner Fotografie und Michael Barth für höchst einfallsreiche Online-Grafiken.

Ich danke ebenso herzlich den Mitarbeiterinnen und Mitarbeitern des Langen*Müller* Verlages für ihr Engagement und ihre wertvollen Anregungen.

Schließlich möchte ich all jenen Personen meinen Dank aussprechen, die sich in bunter Zahl in meinem Buch mehr oder weniger lautstark zu Wort melden: Ernst, Johann Wolfgang, Oscar, Anton, Jutta und Lothar, Jingele, Giovanni, Petra, Publius Ovidius, Heinrich, Leonard, Andreas, William, Susanne, Milan, Albert etc. Und nicht zu vergessen: die Dame meines Herzens.